創造生命中的
感動

〈序二〉尋常家飯的生命智慧

◎林谷芳

生命是活的，活的生命就得有活的學問，你不可能只靠量化的知識、概念化的原則去解決生命的問題。換言之，生命的學問是一種智慧，真實的答案只能來自你自己的觀照、你生命的體踐。

生命的公案，所有因緣耐人咀嚼

然而，雖說生命的習題只能自己解，雖說離開自己的經驗就是「說食不飽」，但看別人如何煮出佳餚，自己在下料火候上就更有了參照。於是，一個個不同的生命如何走出他們或如實、或精采的人生，也就成為我們生命必參的公案。

公案是活生生存在的案例，但雖說是活生生的案例，解讀卻各有不同。其實，生命存在的本身就是人生最大的一個公案，我們為何會存在？活著又為了什麼？又為何有如此多的因緣串連在我們的生命之中？這種種問題，你可以一筆帶過，也可以由此觀盡人生。

問題一筆帶過，人生可無法一筆帶過。一筆帶過問題，生命只能是挫折、懊惱與悔恨；好好咀嚼，卻有希望創建無盡的人生。

咀嚼，可以是主動的，天地本是一本大書，只看你肯不肯讀、會不會讀，對有心人來說，觸目皆道。當然，許多人的咀嚼是被動的，事情來了，方思脫困之道。但無論如何，能觀照就有生機，觀照得早，生機就大，觀照得晚，就必然蹉跎了人生。

談蹉跎，佛家言「菩薩畏因，眾生畏果」，道盡了生命在此的高低。智者在因地就覺察到未來的結果，發心因此趁早，愚者卻要到惡果自食，才悔恨莫名。

如實地觀照，尋常家飯自有真味

正因觀照要及早，莫使生命多蹉跎，才有泰山文化基金會與慈濟傳播人文志業基金會共同出版這樣的一本集子，由十七位在觀照與體踐上顯現其自有風光的生命，拈出他們的一些心得，而這些心得，雖沒有理論的堆砌、沒有豐美的辭藻，卻都是一個個生命如實觀照、如實體踐的結果。

正因如實，正因平常，所以最能為我們參照，禪家有句話說：「祖師言句如家常飯」。的確，真正能吃得好、吃得久的，往往不是飯店餐館的豐美酒席，而是屋裡的尋常家飯。這尋常家飯，飯中有真味，只待細細咀嚼。

當然，就像吃菜吃飯，口味各有不同，對人生的契入，十七位生命也有同有異，可都無損於其間的觀照，而人與人之間智慧的領略與傳遞，既須有「相應」為前提，則這十七道菜中那個能觸發你的味蕾，也就各有不同，這正是要陸續舉辦講座，一書納上十七人智慧的原因。

的確，生命原可以有諸多可能，每個人更都可以有自己的觀照、出口與安頓，十七，只是在這個因緣下的一個數字而已。其實，人若能將心打開，周遭就會有無數的公案，而你，當然也可以成為下個集子裡那十七人中的一人。

（本文作者為佛光大學藝術學研究所教授、禪者）

〈序二〉開啟生命的鑰匙

◎吳娟瑜

「請問你在找什麼呀？」

一位長者看到街燈下滿頭大汗、似乎正在尋找失物的年輕人，他忍不住地問了。

年輕人彎著身子，眼睛仍盯著地面巡視；他望了一眼長者，然後說：「這是我家門口，我正在找掉了的鑰匙。」

長者好奇地問：「請問你把鑰匙丟在那裡呀？」

這時，年輕人搔搔頭地回答：「應該在屋子裡吧？」

掉在屋子裡的鑰匙，為什麼在屋外找呢？

這就是許多人的人生寫照，花了一輩子的力氣在尋找個人潛能、生命意義、理想目標或終身伴侶；然而，在四處不斷尋尋覓覓的過程，卻沒想到答案早已出現在身邊。就像那個在門外尋找鑰匙的年輕人，他在「不對的地方」拚命找尋「對的東西」，不知道還要浪費多少青春歲月、耗掉多少精神體力，才能徹悟「眾裡尋他千百度，驀然回首，那人卻在燈火闌珊處」的真諦。

原來，很多答案、很多智慧就在我們身邊，為什麼還需要像飛蛾撲火，弄錯方向呢？

《創造生命中的感動》是一本匯集智慧結晶的好書，每位主講者都是各個領域的一時之選。當初曾經聆聽過現場演講的讀者們，在潛移默化中早已吸收了教授們的生命精華；如今，透過文字傳達，相信能更有深刻的思索和體悟。當初錯過了現場演講的讀者們，細細捧讀之餘，相信再也沒有遺憾、再也沒有失落；因為，當「語言」化成「文字」時，每一段分享，每一個故事都可以讓你回味再三。每位主講教授的理念和見解，都可以讓你在自家屋裡找到「生命的鑰匙」，你再也不用跑到屋外滿頭大汗地胡亂尋找了。

一句至理名言，立即切中問題核心

不知道你是否和我有過同樣的成長歷程？

從高中起，我在不同的階段，很自然地就是會去尋找Mentor（人生導師）。Mentor不見得是在課堂裡的老師，也不見得是你要真正熟識的社會賢達；然而，他們的一段人生際遇、他們的一句至理名言，就是可以感動你、改變你，讓你面對人生的挑戰可以更積極一點，讓你找到人生的方向可以更快速一點。

《創造生命中的感動》書中的每位講師都是我們的Mentor，他們多是大學裡的教授。雖然仍不免有些學院的學者風範；然而，他們都不是在象牙塔內自言自語；他們習慣接觸民眾，他們聆聽現場聽眾的心聲，所以闡述理論、或回答問題，都能立刻切中核心、一語道破。

我個人很喜歡看到的內容如下：

許文耀教授說到：「我是個殘障者；可是從前有一段時間，我並不承認自己是一位殘障者……這裡頭的因果關係錯綜複雜，也為我帶來了許多掙扎及痛苦……」

梁翠梅教授說到：「六歲時，我的母親因脊椎遭受重創、半身不遂，整個家庭陷入極大的傷痛，……早期的人生經驗和磨練，成就了我今天成為諮商心理師的必要裝備。」

何懷碩教授說到：「我小時候有一次爬樹，爬到最高處，高興得不得了。這時候，有一種自豪感與新鮮感，無疑是愉快的。但怎樣下來？頓時心慌、腳軟，快哭出來了。心中忽然後悔，既下不來，又不能跳下去，怕手腳折斷。」

我喜歡看到這樣真心誠意的自我揭露，哪一個人沒有「過去」？哪一個人沒有「深層的恐懼」？當站在舞台的燈光焦點下、眾望所歸的Mentor，他們敢於表白自己的脆弱、敢於反省自己的錯誤，再也沒比這樣的時刻更令台下聽眾和讀者們感到震撼的了。

深入探索自我，人生境界更上層樓

我也喜歡Mentor們一語道破的問句，例如：

阮大年教授出了考題問學生：「你為什麼要活下去？」結果，其中一個學生寫道：「我活下去是為了吃午飯。」到餐廳正巧碰到這位學生，阮大年教授再問他——如果他活著的目的是為了吃午飯，現在吃飽了，又怎麼樣？那個學生回答：「老師，我還要活下去，因為我要吃晚飯。」

這樣的回答讓阮教授晚上睡不著覺。後來他起床聽唱片；聽著聽著，他才覺悟到，學生並沒有答對問題；阮教授問的是：「ＷＨＹ——為什麼」，學生回答的卻是「ＨＯＷ——如何」。

那個自恃聰明、耍弄嘴皮的大學生可能沒想到，自己可能錯過了一個自我探索、自我成長的好機會。

其他，像傅佩榮教授問：「人生到底能否重新開始？」鄭石岩教授問：「自己從出生到現在為止做過的三件最高興、最難以忘懷和最有成就感的事？」吳京教授問：「六年後的世界，會有怎樣的變化與發展？」

以上這些問句淺顯易懂，卻可以延伸出廣闊無比的成長空間；願意隨著Mentor一層又一層深入探索的人，人生境界一定可以更上一層樓。

再說到「一語道破」的Mentor，例如：

王邦雄教授說：「在家、出家、回家，是修鍊的整個過程。」

張曉風教授說：「我覺得，在台灣我們什麼都不缺，但常缺乏一個共同的回憶。」

司徒達賢教授說：「協助別人，就是幫助自己成長。」

曾昭旭教授說：「如果有一個人問你為什麼愛他？最好的回答就是：『不知道，我就是愛你。』這才是對的。愛本來就是個事實，為什麼要有理由呢？」

藍三印教授說：「世界上唯一不變的定理就是『不斷地變』。」

還有讓我印象深刻的內容，例如：

紀潔芳教授提及教學生「預立遺囑」，有位媽媽打電話到學校說謝謝，因為兒子變得懂事成熟多了；鄭玉英教授提到「家庭的復原力」的一個感人例子；南方朔教授提到英國羅斯柴爾德家族的「高貴性」；李家同教授提到「貧窮體驗營」；方蘭生教授的「笑話連篇」，不時讓我莞爾一笑……

推動心靈成長，創造生命中的感動

總之，這是一本讓你在最短時間賺到人生、賺到成長的好書。一方面要感謝整理講稿的人，居然有辦法將贅詞累句提煉成精簡扼要的文章，一方面各位也要感謝泰山文化基金會盡心盡力辦理活動，帶領大家一起來心靈成長；多年下來累積的影響力，不知造福了多少人、多少家庭。

這本書由泰山文化基金會策畫、慈濟傳播人文志業基金會出版。如眾所周知的，慈濟機構的慈善事業遍及全球，帶領大家以行動傳播愛心、影響全世界，同時也出版很多人文好書，以文字來洗滌人心，發揚人性中的真、善、美，創造更多閱讀的感動。

相信各位讀者捧讀本書之際，一定可以感受到書中各個教授的分量，也可以感受自己成長中的喜悅。相信你和我一樣，我們就是心存感謝，也樂於把這本書推介給家人、好友，大家有志一同地來共同成長。

祝福您！

（本文作者為泰山文化基金會董事、國際演說家、作家）

〈序三〉尋找人生的答案

◎游乾桂

泰山文化基金會在邀我寫序的信中這樣說道：希望這一本書中的正向價值、善的信念、生命哲思，可以啟發大眾對生命更深入的省思，活出有價值的生命。說得真好，這大約便是我這些年來與泰山文化基金會合作的最深刻感受了。

我在《中華日報》的副刊開了一個新的專欄叫做「天使補習班」，文友看完之後，同我開玩笑，他說天使也要上補習班嗎？

是的，但它不是專為天使設立的補習班，而是補來當天使的。我在這個專欄中，主要環繞著一個主題就是善——我的意圖和《創造生命中的感動》的主旨一模一樣，期待芸芸眾生都能早先一步理解生命的真諦。

泰山文化基金會對於講師群的要求是有目共睹的，皆是一時之選、社會碩彥，不僅口才便捷、才學淵博，深入淺出，更能洞見觀瞻，全是引領社會潮流的人士；而今，這些一流學者的講座將集結成書，當是讀者之福。每一篇文章都極具高度，在我看來都是一種開示，讓人讀來有如沐春風之感，它不僅印證了我的想法，甚至給了我起了新的醍醐灌頂之功。

當下即是行動，活出人生意義

有人問我，是什麼樣的動力可以讓我去忙就閒、活在當下，答案就在這本書裡，因為我究竟了，而究竟的理由來自於對生命的理解。

我相信且信仰人只有一輩子，八十歲算是高壽之人，九十歲是長壽，一百歲堪稱人瑞，一百二十歲則是妖怪咧！而且，它是單行道，有去無回；某些事現在做得來，十年後便做不來了。所以要及時，否則定會後悔。

就是不想後悔的信念，讓我認明人生，做出好決定，活得有意義。所謂意義，人人不同。有大有小，可以是自掃門前雪，也可以管他人瓦上霜。我敬愛的吳京前部長，就用〈希望小學〉給人希望的方式，活出部長卸職後到他嚥下最後一口氣的生命價值，那便是意義人生。

我喜歡的存在治療學派學者弗朗克，二次大戰時曾被關在集中營中，室友常常換，離開牢房的幾乎沒有回來；他從中理出生命的價值與活著的重要性，因而寫出「存在治療法」，他相信活著就是希望。

這一點與前幾年過世的朱仲祥的說法一致——有呼吸就有希望。

李家同教授的道德觀令人尊敬，他替德蘭莎兒童中心所做的付出令人動容。他的書我一本一本買，與兒女各擁一本，分坐在書房三角讀之；對於書中的故事，往往感動到泫而欲泣。他對於貧窮的理解、為貧窮的付出，並且義無反顧的行動，更是令人折服。

如果李家同教授所寫的是故事，這分講稿則是哲學了，它使我更理解善念背後的起承轉合。

鄭石岩教授可說是一位修行者；他身體力行，把一切有為法化之成行動。這一次，他用人稱「佛教心理學」之「唯識學」中的「欲、解、念、定、慧」五個法門與人分享美好人生。

言行一致者並不多見，而鄭石岩教授便是其中一位；他的學淵智廣，佛禪造詣極佳，是我的良師益友。偷偷透露一個小小祕密，父親的老家與鄭教授的老家相近，都在員山的枕山，算是故鄉人。

澈底了悟生死，回到心中桃花源

傅佩榮教授在〈重新出發的生命動力〉一講中提到，人生像旅行一般，朝著終點走去；這一說像極了海德格的說法——人是向死的存在，而這也是我的理解，影響我的生活。我之所以可以活在每一個當下，無怨無悔，根本到了不動心，其實也正是受了「向死的存在」的影響；既然會死，不如精采活著。

我並未到達了然的境界，而是瞭解人是從生到死；所以，在活著的時候，我要美好優雅與精彩。從而瞭解工作只是過程不是結果，它給了我錢，但我得用錢去過生活。

人生有兩個基本目的：一是得到想要的，二是享受所得的。百分之九十以上的人在第一目的上便用罄時光，根本來不及享受生活；而我有幸早早理解這些，引領我懂覺知美好生活的人叫梭羅，他用《湖濱散記》寫出生活的真諦。書的妙用在此；我猜，下一個覺知者應該是看這一本書的。

該是回到心中桃花源的時刻，不要只是汲汲營營度日，活得像一部好用的機器而不是人。王邦雄說，心中有道，回家有路；你看見了嗎？

我的序頂多只是我的見解與理解，理應不及於每一個人；剩下來的開悟，就由你親讀這些碩儒的智慧來決定。

（本文作者為作家）

目錄

序一　尋常家飯的生命智慧　◎林谷芳
序二　開啟生命的鑰匙　◎吳娟瑜
序三　尋找人生的答案　◎游乾桂

025 開創更美好的人生　◎鄭石岩
一個人必須先參透自己為何而活，瞭解自己的理想和價值真正定位，才能找到生命的南針，藉此轉化為自己的活力泉源。

041 重新出發的生命動力　◎傅佩榮
「重新出發」並不代表否定「過去」；而是要以「過去」為基礎，重新規畫未來，讓自己從中獲得感悟與啟發，成為一個新的人。

打開心結，面對自己　205

◎許文耀

人的堅強與脆弱，取決於一念之間；先有心的發心動念，才有行動的執著與力量。當我意識到無法改變行動不便的事實，才真正找到心靈的安頓之路。

超越逆境，發揮家庭的復原力　215

◎鄭玉英

不要怕向家人吐露困境，因為家人之間是相愛的。對家人坦白承認自己的脆弱，其實也是一個轉捩點，讓我們把這輩子最大的潛力開發出來。

學習感恩，生命關懷的第一課　229

◎紀潔芳

生命教育並不是理論和口號，而是可以透過各種形式寓教於樂來進行；不論是對生命的回饋或是感恩，都能落實在日常生活中。

開創更美好的人生

鄭石岩（作家、心理諮商專家）

生命本身就是一種特別的試煉；
一個人必須先參透自己為何而活，
瞭解自己的理想和價值真正定位，
才能找到生命的南針，
藉此轉化為自己的活力泉源，
迎戰生命中的種種艱難。

小時候家住山上；在那個自給自足的年代，一般人吃穿都靠自己種田、親手編織，連住的房子，也是靠自己的雙手一磚一瓦地創造。

猶記得，當我們家在山上的茅屋即將落成之時，祖父要我們再去找幾塊雨花石來當踏腳石。等我們搬來了，只見祖父在石頭上點上幾點連成一條線，用榔頭猛力一劈，「啪」的一聲，石頭便沿著祖父事先畫好的直線應聲裂成兩半；幾次下來，一塊方方正正的踏腳石就誕生了，讓人嘆為觀止。而祖父卻只是淡淡地說：只要抓到「著力點」就對了，一點都不難。

做好事情，須先找到「著力點」

不僅劈開石頭如此，人生行事也是如此；做什麼事都必須先找到它的「著力點」，才能把事情做好！

每個人活在世上都必須擁有人生價值和目標，遭遇挫折時，才會產生解決問題的原動力，勇往直前面對挑戰，隨時隨地鼓勵自己不要放棄，這樣的人生才是有意義的。

在中國傳統心理學和佛家理論中，有一套觀點叫做「唯識論」，其中有一部分特別提到「別境」這個概念。別境的意思是，當你要完成一件很特別或極艱難的事情時，必須要有一套方法；而那一套方法，跟我前面提到的「著力點」有異曲同工的地方。

這個概念提出，成功有五大要素：第一是「欲」，意即人做什麼事都必定有動機，而這個根本又終極的目標或理想，就是推動你前進的「欲望」。

第二是「解」，是指在做某事時，必須清楚知道自己為何要這樣做；充分瞭解個人的基本信念和價值觀，才能抓住方向不偏移，也就是要求「甚解」而非不求甚解。

第三是「念」，就是你腦中所裝載的知識，能否產生足夠的智慧，引導自己朝向成功的目標前行。

道。

第四是「定」，就是要定下心來，不危不疑，才能耐住性子，守住自己的道。

第五則是「慧」，建議人做事情應該要有一點創意和彈性，山不轉路轉，而非一成不變地莽撞硬衝。因此，懂得如何掌握「欲、解、念、定、慧」，其實就是開創美好人生的一盞明燈。

人生有「欲」，才會創造生命價值

記得兩、三年前，有位媽媽知道自己得了癌症，醫生宣判最多只能活四個月，這消息有如青天霹靂。她想到自己兩個還在念幼稚園的小孩，在徬徨無助之下，她來找我哭訴說：「鄭老師，我很擔心我的小孩有一天醒來找不到媽媽，怎麼辦？如果他們將來有了新媽媽，那個人會不會疼他們？」那個媽媽講到這裡就失聲地哭了。

但是我開導她：「愛是沒有時間和空間限制的；哪怕你只剩下四十天，你都要好好去愛你的小孩，不要想得太多。」她仍是一臉疑慮地問：「我現在的壽命只剩下四個月不到了，還有什麼好愛呢？」

我想，她當時的心裡一定是絕望了；可是，我還是對她說：「不，那是沒有接受醫療的情況；如果接受醫療，一定會有希望。所以，從今天開始，無論如何你都要秉持愛的原則。用剩下的時間去創造愛，愛就是你活下去的生命價值！」

真正的愛是需要付出的。我告訴她：「妳要怎樣去愛你的小孩，應該自己去發掘；一定有辦法永遠留下妳對孩子們的愛的。」後來這個媽媽開始接受化療，也開始寫信給這兩個她深愛的孩子。

她依孩子成長的順序，幼稚園畢業一封，國小畢業一封，國、高中畢業一封，大學畢業一封，一封一封地寫，兩個小朋友各自都有一份。為了寫這些信，她閱讀很多書，她的生命也因此開始振作起來；她越寫越覺得自己還要多活幾個月，不然就寫不出真正要告訴孩子的話。

於是，她更勇敢的去面對每一次的化療；即使頭髮都掉光了，還是不放棄活下去的欲望。結果，她又多活了兩年，直到完成了心願，才含笑而去。她臨走的時候還跟我說：「我真的留下了愛給我的孩子！」

生命因為有「欲」而有了價值；一個人如果不懂得人生的價值，生活沒有目標、沒有方向，這個人生還有什麼意義可言呢？看了這位媽媽用生命留下愛的故事之後，再看看社會上常出現的棄嬰事件，不禁令人感慨：一個才剛出世的小嬰兒，就被狠心的父母拋棄；那個生下他卻又虐待及拋棄他的媽媽，人生還有什麼價值呢？

參透自己，將挫折轉化為力量

現代人普遍都缺乏一種對生命價值感的認知；有人說，這是因為時代變了，許多年輕人從小生長在溫室中，稍遇挫折就會不斷喊累、喊苦，想要逃避。

有人一年到頭一直在找工作，甚至一年可以換十一個老闆；他說，到處都找不到合意的工作，只要受到一點挫折就灰心，無法再持續下去。這樣的人不僅是挫折容忍度太低了，而且對自己也可說是缺乏真正的瞭解，不知道自己活在世上的意義，和如何創造生命的價值。

誠如禪家所說的：「只有參透『為何』，才能迎接『任何』。」一個人必須先參透自己為何而來、為何而活，瞭解自己的理想和價值真正定位，才能找到生命的南針，藉此迎接工作上的種種挑戰，也才能容忍種種挫折。

換句話說，人需要一個永遠、亙古的內在價值，才能轉化為自己的活力泉源，憑藉這股力量去克服生命中的種種艱難。

唯識論裡的「別境」告訴我們：生命本身就是一種特別的試煉，因為每一個人都是特殊的個體，沒有人的生命是可以替代的；因此，我們每個人都應該要誠實面對自己的生命，而且要去承擔自己所要完成的任務。

而且，正是因為沒有兩個人的生命是完全一樣的，沒有兩個人的遭遇是一樣的，也沒有兩個人的興趣能力是完全相同的；所以，他必須要有一個屬於自己的人生目標，有一個自己的價值感，然後他才可以獨自去完成他所賦予自己的使命。

立定目標，應知學如逆水行舟

曾經有一位心理學家做了一項實驗：他針對國中同年紀的小朋友做抽樣調查，結果公布時，他對抽取的特定小朋友組群說，他們都是具有潛力待發揮的良材。因為是抽樣，所以並不是每個小朋友成績都很好，但是大家都很相信這項調查結果；不僅老師和父母對孩子有所期待，被抽樣的小朋友對自己的想法和評價也有改變。

經過一年以後，發現這些小孩大部分成績都提高了，連ＩＱ也有大幅成長。可見，只要你擁有崇高的價值目標，就會對自己有很高的期許，生活也開始有了熱力，連生命都因此活絡了起來。

可見，一個人有了基本價值觀之後，對人生會產生一種堅持；否則，今天講完明天就忘了，不去實踐也是枉然的。

禪宗有個公案：古時候有兩位禪師，為了去南海取經而出外化緣。一個說要等化緣湊足了盤纏才出發；另一個說，他打算邊化緣邊前往南海。事過三年，那個邊化緣邊去南海取經的禪師已經回來了；但另一個禪師卻因為始終湊不足盤纏，還沒有出發。

世事往往並非盡如人意。就拿讀書來說，當你在接受或學習一種新觀念時，不能預設讀書是快樂的，因為你要經過一遍遍地練習才能純熟；若是不下一番功夫，學習將會如逆水行舟，不進則退的。

所以，「即知即行」是非常重要的。當我們有了目標之後，就必須去學習；不只是學習解決問題的能力，還要學習如何堅持下去，以及如何在逆境中仍能保持好的情緒，才不致遭遇一點挫折就氣餒。

有一個年輕人念高中時，聽老師說過一句話：「一個人一生中總要學幾樣該學而不想學的東西。」心中有所領悟。他當時認為，他最該學而不想學的就是英文；因為有了這句話的惕勵，他開始努力學習英文，到最後竟然成了翻譯家！

勞心勞力，都對社會有所貢獻

有一位老先生聽了演講以後對我說：「這一輩子我賺的錢很少，退休金也只有一點點，人生過得很辛苦，不知道自己還有什麼價值？」

我從談話中知道，他退休前曾經是北二高的建築工人，便請他從另一個角度去想，「因為這段路上也有你付出的心力和血汗，上面行走的每一部車子，等於都受到你的布施。你所做的工作，可說是人生最有意義的工作！」我這樣告訴他。

他仍然有點不解地說：「人家大老闆一個月賺幾百萬，我一天只賺兩三千塊，還做得手腳都流血了。這樣的人生會有什麼價值呢？」

「其實不然！所謂的人生價值，不能以金錢來衡量；因為人生而平等，無論是用勞力或是用腦力、是從事硬體還是軟體的工作，只要你用心，所產生的價值都是一樣的。」我說，「雖然你在這一世只領三千塊，別人領了三千萬；可是，那些該屬於你的錢，你都已留在極樂世界。等到有一天我們都到了極樂世界，你才會發覺自己是最富有的人。」老先生最後終於笑開了，表示他聽懂了。

不要羨慕別人，也不需貶低自己；我們若在心中一直希望自己能變成某某人，將會過得很不舒服，因為你從一開始就否定了自己。

所謂「前人種樹，後人乘涼」。當我們搭乘捷運時，應該能多想想，這麼舒服、方便又快速的道路系統，是多少人勞心勞力的結晶；如果你開車上北二高，也應該想想，這條道路曾經是多少人付出血汗、犧牲生命築成的；他們雖然都是平凡的人，但是這一生過得既精采又豐富，留下了碩大的果實給後人。我們豈能不感恩？而這樣人生的價值，豈能用金錢來衡量？

盡忠職守，就是對自己的肯定

人必須常常鼓勵自己。年輕時，我做過水果販，做過中盤、大盤商，當過國、高中、大學的老師，也當過公務員。在每個不同的工作崗位上，我都不會妄自菲薄，總是盡力做好自己該做的事，懂得隨時隨地鼓勵自己，這才是最重要的。

記得多年前，我在景美講經的時候，有位年輕人跑來告訴我：「鄭老師，聽了你講經以後，我很感動，你的功德無量。」我問他從事何種工作，他回答說是電力公司的工程師，最近要在中部的山區興建鐵塔、連接電纜。

我對他說：「我覺得你才是功德無量。帶給每一個家庭溫暖、光亮的是你，夏天裡帶給每個家庭涼爽的也是你，你才是真正的布施者！」他很驚訝，但終於有所體悟：真正的菩薩原來就住在自己心裡，就在我們每一天的生活當中。

只要你抱著「平常心」，就不會一直在意自己的學歷或職位高低，也不會為了家中不富有而感到自卑了。這分平常心，就是每一天在自己的工作崗位上盡忠職守，扮好自己的角色，直接間接地造福社會人群。

當你感覺內在豐富了之後，才能看清，人生到了盡頭，終究不能把生前的金山銀山帶走，因為財產都是留不住的。所以，你要過的是一個有意義的人生，挺起胸膛，創造出自己「活」的價值。

如何找出自己的價值呢？首先，你要為自己定一個目標，無論將來從事什麼行業，都要依據自己的興趣、能力，訂出近程、中程、遠程的目標，讓自己可以循著既定腳步慢慢前進；當你離目標越近，就越能確定自己的存在是有意義的，直到目標達成之後，你也就可以確定自己的價值了。

掌握時勢，保持彈性調整空間

現在，請你馬上拿起筆來，寫下自己從出生到現在為止做過的三件最高興、最難以忘懷和最有成就感的事，進而從這三件事分析自己擁有哪些特質、能力和興趣，以幫助自己更加瞭解如何找到最適合的人生價值。

當你瞭解自己的人生價值，同時也確定自己的興趣和基本能力時，你就可以朝這個方向定下你自己的目標，進而實踐。此時，還有一件最重要的事情是，心一定要「定」，才能把事情做好；心如果搖擺不定，在佛經裡講得很清楚，這種情況就是人的貪嗔痴在作祟。

貪，就是貪財、貪命、貪權，心中有貪念的時候會讓人感到內心匱乏、不滿足；因為心理不平衡，心就容易搖擺不定。嗔，是指人在情緒不好、尤其是發怒的時候，最容易被情緒帶著走，所做的決定和判斷也往往會令人後悔。痴，則是指太過執著於某一件事，往往使人的視野也為之蒙蔽，以致做出不智的決定。

因此，我們要擺脫貪嗔痴愚、保持心情平靜，就能保有一些彈性，也就是有創意，以免失之偏頗。

換句話說，當你有了崇高的理想、決定了值得奮鬥的人生價值和抱負後，能夠一直朝著這個目標邁進，這當然很好；但是，你不能執著，要有彈性，必須思考時代的改變，否則就很容易掉入窠臼而不自知。

所以，開創美好的人生，最要緊的就是找對人生的「著力點」，從而掌握「欲、解、念、定、慧」的收放哲學，最後還要時時觀照社會，理解時代潮流的最新趨勢，不斷保持彈性和創意的調整空間；直到自我人生價值的圓滿實現，才算完成自己人生最重要的課題！

（內容整理：謝蕙蒙）

重新出發的生命動力

傅佩榮（台灣大學哲學系教授）

人生像行旅一樣，朝著一定終點走去；
這終點於你，究竟是結束，還是一個目的的完成？
「重新出發」並不代表否定「過去」；
而是要以「過去」為基礎，重新規畫未來，
讓自己從中獲得感悟與啟發，成為一個新的人。

「人生到底能否重新開始？」人到中年，相信很多人跟我一樣有這樣的疑問。假如人生能夠重新開始，你或許又會感到好奇，這重新出發的生命動力，究竟從何而來？我們又該如何確定自己的下一步將往何處去呢？

人生，就像一段行旅；每當我們走到一個地方，往往會停下來看一看，這是我要去的地方嗎？前面還有路可走嗎？路是越走越好，還是越走越崎嶇呢？有時回頭看看，或許會十分驚訝自己怎麼會走到這一步？而你，是歸人，還是過客呢？

重新出發，不代表否定過去

我想起蕭伯納的故事。蕭翁每回聽到別人介紹他的讚美之辭，往往十分緊張；這並不是因為謙虛，而是他擔心別人介紹得不完整。所以，當我們要肯定一個人的時候，必須用具體的事例來輔助說明；同樣地，要批評一個人，也不能無的放矢，一定要找出相關的事例來佐證。所謂具體的事證、事例，就是這個人的經歷、背景和他過去所做過的事，不論是好或壞，都是別人據以評斷他的依據。

換言之，「重新出發」並不代表否定「過去」；而是要以「過去」為基礎，重新規畫未來，如此我們才能把握自己有限的人生，充分地認識自己、實現自我。就如大哲學家尼采所說：「一個人如果知道自己是為了什麼而活，就能忍受任何一種生活。」

這句話說得很好。因為，在一般人的認知能力中，最困難的就是認識自己，不知道自己活著是為了什麼；驀然回首，對自己這一生為何會走到這一步感到莫名其妙，無力去扭轉，更遑論重新出發了。

面目可憎，在於迷失了自我

曾聽過一個故事說，有位畫家找來許多模特兒，準備畫耶穌與十二門徒的故事。其中長相比較俊美的，就扮演耶穌最年輕的門徒「約翰」；至於那個為了三十元就出賣老師的「猶大」，就找一個不必化妝就很像壞人的模特兒來扮演。畫到一半時，那個扮猶大的人竟然哭了；別人問他為什麼哭？他說：「幾年前你們畫耶穌的時候，我扮的是那個約翰；沒想到才經過數年，我竟然變成了猶大。這實在太悲慘了！」

相由心生，一個人會從「約翰」變成「猶大」，不會沒有原因的，只是有的人不自知而已。希臘很有名的戴爾菲神殿有一面牆，牆上便刻著一句話「認識你自己」，而不是「別忘了吃飯」；可見，「認識自己」比我們每天都要做的吃飯、睡覺還重要得多。

他們從來不刻「別忘了吃飯」，卻提醒人們一定要「認識自己」，更加說明這件事多麼重要而不容易做到。因為，人一旦真正認識了自己，不論將來生活多苦，都能夠從容視之，不必太在乎；因為，你知道自己當下受苦是為了什麼、值不值得這樣做？

所以，談到重新出發，第一要務便是「充分瞭解自己」——現在的你是這樣子，將來的你會變成怎樣呢？其次是「瞭解人群」，第三要「瞭解大自然」，第四則是要多瞭解所謂的「超越界」領域。

朋友如鏡，照見自身的不足

這世界有很多不同的民族，都有其自己的生活習慣與民族習性，不易被外人所瞭解。比如，有些地方的人認為女人脖子越長越漂亮，便在女孩子很小的時候就套上脖環，一年一年加長，我們看了覺得很奇怪。可是別忘了，我們古時候也把女孩子的腳纏起來，認為「三寸金蓮」最漂亮，外國人也覺得很殘忍。

當你去瞭解別人的時候，才會發現人是最難瞭解的。不同的民族固然是「非我族類，其心必異」；即使是同一個民族之間，也有很多的思想和觀念的差異。連孔老夫子也常感慨說：「莫我知也夫（為何沒人瞭解我呀）！」何況是我們呢？

所以我們會說：「人生得一知己，死而無憾。」因為，交到一個好朋友，彼此能夠談心、交心，互相瞭解、互相砥礪，就像一面鏡子一樣，時時照見自己的不足，才能夠時時提醒自己要進步，把不足的地方補起來，從而達成自我的超越與提升。

古人說「無友不如己者」，所以交朋友很重要。交到什麼樣的朋友不僅會影響你成為怎樣的人；你的朋友越多，越能夠幫助你自己去開發生命中的不同面相，讓你注意到自己生命裡有哪些特質。就像一個水晶球一般，可以從不同的面向看出這個生命的整體面貌。

交朋友也是一個瞭解自己、重新出發的好機會；因為，通常我們認識一個新朋友，都會希望給他一個好印象，想辦法調整自己的服裝、儀容和表達的方式，就像孟子所說：「如果你穿上堯舜的衣服、說他們說過的話、做他們做過的事，久而久之你就變成了堯舜。」

交到一個新朋友，不僅是瞭解與分享的開始，而且是學習與成長的動力；所謂「友直、友諒、友多聞」，意義便在這裡。

愛好智慧，應凡事反求諸己

很多人覺得大自然最難瞭解，天地如此之大，光是地球上的各種生物現象就不容易瞭解了，怎麼還能掌握地球以外整個宇宙的事呢？甚至宗教裡所說的「超越界」——也就是神明的世界，亦是如此；當人們對神明的瞭解越多時，就會發現我們對生命的瞭解越少，這是相對的。

莊子在兩千四百年前已經說了：「其生也有涯，知也無涯（我們的生命是有限的，但知識是無限的）。」用有限的生命去追求無限的知識，簡直是毫無希望，恐怕這一生都會完全落空；也可能你一直忘情去追求，而忘記了自己的生命究竟有何特色？

所以，哲學講愛好智慧。「智慧」跟「知識」不太一樣：「知識」是客觀的，你再怎麼追求，永遠都學不完；而智慧則是講求向內觀照、回到內心的，做任何事之前皆要自我思考：這是我要做的嗎？我要怎麼樣去做？做了以後會有什麼後果？我又應如何承擔？

人生像行旅一樣，朝著一定終點走去；這終點於你究竟是結束，還是一個目的的完成？就得看自己了。有人或許會稱它為命運，就好像拼圖一樣，不拼到最後一塊，不會知道自己拼出來的整塊拼圖是何種圖案。話說回來，只要你今天往回想，過去所做的一切，歸結為今天的我；而未來呢，豈不是也能夠預知自己會變成什麼樣子了，不是嗎？

自我重整，唯有找到生命重心

人的生命是獨一無二的「unique」，「unique」代表每個人都是不能複製的；即使你能以基因科技製造出一個「複製人」，也只是生理上的複製，而無法複製相同的生命經驗。所以，重新出發的動力何在呢？唯有找到生命的重心，整個自我生命要重整，從生活中身體力行，才能夠幫助自己獲得重新出發的力量。

首先，我們要設法保持生理的活力。想想以前，第一天上學時是多麼開心呀！為什麼現在上學、上班這麼累呢？這表示你必須重新出發，一旦覺得太累就睡個覺，明早起來又是一條好漢。保持活力旺盛的意志，千萬不要仗著年輕而硬撐，把下半輩子的健康也預先透支了，將來賺再多的錢也換不回來。

第二個動力來源是來自心理上的調適。比如搬一次家，或從小學升到中學、中學升到大學，一直到踏入社會，每換一次工作或碰到職位調動，都有一種新鮮感；而這些心理上的「新」，都是一個重新開始的機會，要好好把握住。

第三個動力，來自生命本身階段性的轉變。以人生的四大階段：出生、成年、結婚、死亡而言，人們在經歷每一階段都會有一種特別的體驗。像我妹妹，年紀比我小十二歲；她生了孩子以後告訴我，她直到那天才知道自己原來擁有那麼豐富的愛心、懂得去照顧別人。為什麼呢？我想大家都有經驗，因為家中有新成員出生，自己就變成叔叔、伯伯、阿姨，甚至升格當爸爸、媽媽了，生命歷程提昇到一個新的境界，不能再像以前一樣為所欲為了。

所以，當我們慶祝出生，舉行青少年成年禮，甚至婚禮、喪禮，不僅是一個

「儀式」而已，也等於宣告自己的生命歷程已經進到下一階段的轉變；這種轉變，也就是一個重新出發的機會！

隨時覺察，每天都有新的感悟

我在美國念書時，曾經一天二十四小時除了吃飯、睡覺以外，都在K書，十分拚命；同學看了很奇怪，問我怎麼做得到而不會崩潰呢？很簡單，那時我只要每天睡覺前聽一段音樂，不管是什麼曲子，只是打開收音機，在音樂的旋律中進入夢鄉，心情就非常舒服，沒有壓力；甚至覺得，自己能聽到世間這麼美妙的音樂，即使日子過得再苦也值得。這種覺悟，讓人感覺到「生命意義的新」，也就是人生的第四個動力來源。

什麼是「生命意義的新」呢？比如說，我們辛苦了一天，無意中看到天邊的晚霞，那麼美、那麼地超俗，讓人當下佇足，充分享受自己和宇宙的合而為一，完全不受外界的打擾；就像我們聽到一首好歌，剎那間感到心靈充實、受到感動，不再擔心眼前的股票漲跌或現世的煩惱一般。

人的生命意義轉變是很難預測的。所以我們可以總結說，先求生理上的「新」，回去好好睡一覺，明早準時起床，讓自己覺得生命可以重新出發；每天都是唯一的一天，值得珍惜。第二個是心理上的「新」；有機會升遷、交朋友、搬家、換工作時，何妨讓自己體驗重新生活，實現從前一直想做而沒有做到的事。第三個是生命階段的「新」；在生命不同階段轉變中應該留下紀念，用以作為邁開步伐，展開另一階段的開始。第四個是生命意義的「新」；多開放心胸，接納各種真、善、美的事物，讓自己從中獲得感悟與啟發，成為一個新的人。

把握今生，經營自己永不嫌遲

最後我們要說，人生只有一次，要怎樣才能經營出自己的生命特色呢？在此引用法國哲學家說的：「存在就是存在得更多」和各位共勉。什麼是存在得更多呢？就是要人把眼光看遠，看出生命是充滿創造性的無限可能，強調活在當下，而不是活在過去；因此，當下應做些昨天沒做過的、不一樣的事，以利生命的開展，把生命看成動態而不是靜態的。我們短暫的生命，其實只是一個過程；在這樣過程中，你必須知道方向何在，才能迎接未來的挑戰。

所以，重新出發，必須基於對生命狀態的完全理解，瞭解時代的挑戰。從二十世紀的焦慮到現今的憂鬱、從自我的幻滅到重建，知道生命重新出發的方法，從心理、身體、存在的階段與意義，找到重新出發的方向，走好自己的路。

不管你是否相信人生還有下一世的輪迴，你至少應把這一世這個生命經營好；即使是輪迴之後，你也只能過那一世的生命，不多也不少。畢竟，人生只有一次，不能重來，不管你是在何時何地重新出發，都應該好好把握！

（內容整理：謝蕙蒙）

以戀愛為人生之本

曾昭旭（淡江大學中文系教授）

如果有一個人問你為什麼愛他？
最好的回答就是：「不知道，我就是愛你。」
愛本來就是個事實，為什麼要有理由呢？
人往往要透過戀愛，
才能不斷地提醒自己面對真實的自我，
找回自尊和自信。

時代進步了，對照過去「男女授受不親」的年代，相信大家都認為現在是最好的時代。可是，套一句《雙城記》中所說的：「這是一個最好的時代，也是一個最壞的時代。」因為，在開放的社會中，人人皆想要追求自己的最愛，卻不知道怎麼去獲得真正的愛。

追求愛情，卻不知愛從哪裡來

在社會新聞中，常有情侶談判分手不成而玉石俱焚的慘烈報導，令人感慨萬千。「問世間情為何物，直教人生死相許」，原是很美的境界，為什麼會變調呢？從前的人只求能夠活下去，感情上的問題較少；不像現在，很少人是因為沒飯吃而活不下去，多半是因為感情的挫折而自殺或殺人。時代的演變，使得過去被完全禁止的戀愛，今天變成一個勢不可擋的時代潮流；所以「戀愛」就變得很重要，要說現代人「以戀愛為人生之本」亦不為過。

人人都需要愛，愛又從哪裡來呢？最適合談戀愛的年紀，就是在國中、高中時期；在許多實施男女合校或合班的學校，其實是學習感情教育的黃金年代。但是，公開談戀愛卻仍然是被禁止的，難怪那麼多人不知道怎麼去處理感情。

麵包與愛情孰重？答案是：吃飽飯以前是麵包重要，一旦吃飽飯以後就是愛情比較重要。問題是，以前的人由於需要生存、需要「錢」；於是，怎樣才能賺到錢，是人人最關心的事，所以人生以賺錢為本。但現在人們缺的是愛；愛就像吃飯、穿衣一樣重要時，卻沒有人知道愛從哪裡來？如何去獲得？談戀愛變成了一種新興的學問，需要好好的學習。

從愛的內涵來看，人性有兩重需求：初級的需求是滿足生存的需求，先吃飽再說，這就是人的動物性。另外一種是高級需求，簡單地說就是指人生意義的需求、價值的需求、尊嚴的需求、自由的需求、愛的需求，是人性所特有而動物沒有的高級需求；與我們在人生基礎階段所追求的衣食、安全感需求完全不同，唯有在生活無虞以後才會出現。

無私付出，才能讓人真正感動

人性初級需求仍處於缺乏安全感的時代，人們自然會形成一個集體安全的社會體系，以確保每個人不再過著有一餐沒一餐的日子；在這個體制內，人們分工合作、互相幫忙，由此衍生出人生所有的活動和人際關係。人與人之間很容易通過利益交換或權力的掌控來表現愛，但這並不是真正的愛，而是將本求利、贏賺輸賠的一種關係。

比如，一個父親用賺錢養家來表達對家人的感情；在物質匱乏的年代，媽媽會告訴孩子說：「爸爸真偉大，每天辛苦地工作來養我們。」可是，當我們每天都是大魚大肉過著好日子時，擁有一百萬和五百萬的愛，反而感覺不到有什麼差別了。

所以，我們要發展出一種愛，是不必透過金錢利益轉換的，它是純粹的自由、主動、無私付出的關懷，因為只有這樣的愛才會讓人真正感動。

當我們賺夠了足以維生的錢後，還要繼續賺是毫無意義的，會花掉我們太多的精神和時間。當我們生活安定之後就應該重視精神生活，用多餘的錢買回我們多餘的時間，用這快樂的時間去做能夠使我們快樂的事。

我們應把過去以賺錢、升官是人生全部的想法加以調整。要知道，上班的時候，人只是一個角色、一根螺絲釘；下班以後，人可以去從事一些增進個人靈性修養的活動、去念書，去發展朋友之間的友誼，或者去發展個人「親密關係」、家庭關係，拋開權力的、功利的關係，談一場真正動人的戀愛。

愛之以德，應多尊重對方自由

由感情的內部來看，第一個就是有關生命的身心安頓問題，也就是「我是誰」的問題，是感情的自我界定、認同、肯定的問題。另外就是感情生活的外部「人際關係」的問題：怎麼樣的人際關係，才會讓我們感到幸福、快樂及感動呢？那必然是基於有「愛」的人際關係，我們可以稱它是「自由與愛的問題」，或是「自尊與愛」、「自我價值與人際關係」的問題。

「自由」是讓我們在自我存在上感覺到有價值的一種感受，「愛」是讓我們在人際關係中感覺到有價值的感受。

人們過去是處於以謀生為中心的生活形態社會結構，因此個人價值感及人與人之間的愛，確是透過謀生活動一起來進行，而其中最重要的就是「金錢與權力」；所以，過去的個人價值自然的就寄託在金錢與權力上，人與人之間的愛也就透過金錢與權力的交換、運作來表示。

這在從前沒有很嚴重的後果；那是因為，以前的錢、權總是不夠，所以透過它來表示個人價值較不會引人質疑，但是，現在的人卻不再需要這種物質性的愛，而只要純粹的愛；就像現在孩子不喜歡父母管，只要父母純粹的付出愛。

什麼是純粹的愛呢？就是要把他當「人」看，尊重他的自由、自主權，也就「愛之以德」，而不是「愛之以姑息」——拚命給予物質上的滿足；這種滿足只能暫時性滿足對方的需求，而不是永久的滿足。

純粹的愛，不受任何條件拘束

記得有一次孩子問我說：「爸，我能不能這一輩子平平庸庸、毫無成就？」我說：「當然可以呀！只要你健康快樂就好，要那麼多成就幹什麼？」孩子聽了很滿意。然而，這並不表示這個孩子不求長進；或許他只是想確認父母對他沒有期望壓力，他有全然的自由。

又有一次，我們看電視在播「黑白通婚的種族紛爭」，他忽然問我們：「爸媽，如果有一天我愛上一個黑人怎麼辦？」我毫不考慮地說：「沒問題，只要你喜歡我們就喜歡。」孩子想愛誰、跟誰在一起是他的事，父母沒有權力去干涉他；孩子對這個答案也很滿意。那天晚上，孩子進房睡了以後，我們夫妻倆就討論，如果有一天孩子告訴我們，他愛上了一個男人怎麼辦？最後我們的結論是，絕對要在第一時間裡回答：「沒問題，你喜歡的我們就喜歡。」總之，父母要認清孩子的感情性向是他自己的事，與面子、期望無關。

親子之間要維繫愛的純粹，最重要的就是父母要學會「離開」，幫助孩子成長、獨立，在不傷及血緣關係的狀況下，和平地與父母分離，讓孩子體驗到「自我」存在的美好；不管它叫做「自由」、「自主」、「自尊」或「自信」，它都是不受任何條件約束的。也就是說，他就是自己的主人，不是金錢、權力的奴隸；他之所以擁有父母的愛，是因為他就是他，不是因為他考一百分或是任何外在的條件所支撐，這就是無條件的愛與自由。

不求回報，施比受更有福

過去整個社會結構是由家庭向外延伸，家庭的凝聚力量強是因為生存的問題；為了確保家族的利益不外流，上下之間權力承傳必須很明確，所以會產生重男輕女的香火繼承問題。這種命運相扣的家庭權力關係，基本上並不是真正的愛，而是有條件的利益交換。

因為，在這種社會結構中，父母親是把孩子當做自我的延伸，是自己的附屬品，希望孩子能幫他完成上一代沒有達成的心願；像是父親開醫院，就希望孩子長大當醫生。但現在的孩子卻不是這樣想，他們寧可自己出去闖，而不是靠父母庇蔭；最重要的是，他是自由的。

自由的涵義就是沒有任何的條件交換，不因任何利益的誘惑、任何責任的壓力，完全出於個人的自由意願；沒有別的原因，就是想對你好。

就像女孩子問男性為什麼會愛她？只有笨男人會說：「因為妳漂亮。」「如果我變醜了呢？」「因為妳年輕。」「那我老了呢？」「因為妳聰明。」「那如果我笨了呢？」所有用來驗證愛的理由都變成了反證，可見你就是不愛我，因為真正的愛是沒有條件的。

所以，如果有一個人問你為什麼愛他？最好的回答就是：「不知道，我就是愛你。」這才是對的。愛本來就是個事實，為什麼要有理由呢？人往往要透過戀愛，才能不斷地提醒自己面對真正的自我，找回真正的自我、自尊和自信；明白自己是一個獨立的人，也是一個「能愛人的人」，不會因為對方的不回報就活不下去。

同樣地，孩子要讓他基於自由意願親近父母；如果你動輒用「大膽、忤逆、不孝」來壓他，一旦他翅膀長硬了，登高一飛，就永遠都不會回來了。

愛與被愛，讓生命發光發熱

為什麼現在的青少年問題那麼嚴重？因為他們缺少被愛。越來越多的父母有能力去賺錢養孩子，卻不知道怎樣去愛他們。

面對這些問題，不能再用從前傳統的親子關係來經營家庭。舊的關係是「父業子承」式的權力傳承，是一種有壓力的、不自由的親子關係；如今必須改為以夫妻為主軸來經營家庭的關係，也就是用愛的經營。

當夫妻兩人相約談一輩子的戀愛，藉由彼此真誠地相待，看到美好的人生，證實你我都是真愛、是真我的實現時，自然就組成一個基於互敬互愛而不是基於利益交換的共同體，彼此都願意為這個生命共同體付出光熱。第一個受益的人就是他們的孩子；這是一個被愛充分滋養長大的孩子，而不是用物質、權力保護支持下長大的孩子；於是，這孩子也容易擁有自己的人格尊嚴，而成為一個能夠愛與被愛的人。

如果人人都能透過自由戀愛而讓自己成為獨立自由的人，能夠發光發熱；那麼，人人都有能力去愛人，這個社會才會有真正的溫暖。所以，戀愛為人生之本，最終的目的就是要人們經由戀愛去釐清人性的本質，找到人生的意義與方向，產生源源不斷的情感資源，不再匱乏！

（內容整理：謝蕙蒙）

什麼是幸福？

何懷碩（台灣師範大學教授）

慾望無窮，是一切痛苦之源。
慾望滿足而覺得幸福，
但短暫的幸福之後又有更高，
更大，更多的慾望，永無止境，
這就是人生永遠不快樂的原因。
深入瞭解幸福的真相，
才不會因盲目的徒勞而招致不斷的失望。

幸福之弔詭

人人希望幸福，但是「什麼是幸福？」如果經過一番深思，當知不易回答。

古往今來沒有人曾擁有永遠的、完美的幸福。這是人性的本質所決定了的。而且幸福須付出相當代價，起碼在付出代價的時候必有艱困痛苦。

人生雖有快樂，但更多的是不如願。所謂「人生不如意者十之八九」。人間如果人人幸福，事事美滿，那麼一切的追求與努力都會停止。所以，「幸福」使人生有享受與安慰，「不幸福」則促使人生不斷努力追求，因而提昇了人的價值。

人生不會有永久、絕對的幸福。天才橫溢，少年得意如英國文豪王爾德（Oscar Wilde）後半生非常痛苦。他有一句話使我永遠難忘。他說：「人生的悲哀有兩種：一種是你所渴望的卻得不到；另一種是得到了。」這是很有深意的智慧之語。尤其是下半句，真教人驚心動魄。這位天才作家付出了餘生慘痛的代價，才有此深刻人生體驗。

所渴望的得不到，因而悲哀，很容易理解。為什麼得到了也是悲哀呢？因為過高的預期，過多的激情與熱望，當你得到之後，可能不如你夢寐以求的那樣完美。

即使相當完美，但一切事物都會變遷，也不是我們所能把握，當其面目全非，必大失所望；或者所熱切追求的事物裡面原就埋伏了無法預測的危機。所以「得到了」是另一種悲哀。世間許多人所渴慕的權位、財富、愛情、美色等等，因為得到了而生出悲劇的例子太多了。

得不到是不幸，得到了也可能是不幸。可見「幸福」之弔詭，之難以斷言。

普遍嚮往的幸福

幸福實在不是能把握的「實體」，但大多人認為假如能擁有許多最渴望的

「東西」，便有了幸福。這些人間普遍嚮往的東西，大概差不多便是財富、地位、權力、美貌、長壽、愛情、子孫、健康等。

當然，上述八項的排列依不同的人有不同的優先次序。但差不多沒有一項不是普遍的渴求。它們的好處不必多說，無數人生為了獲得它們付出一生的精力甚至性命。因為它們確不失為人生幸福的積極條件。

問題是沒有人能得到全部理想的條件，缺少其中的若干項，便不可能有完美的幸福。即使就每個單項來說，要達到如何理想的程度才能滿足，恐怕也永無止境。

沒有人會因為口袋中有一百塊錢而滿足；即使有了一百萬，也一樣不會覺得幸福。因為他會埋怨一百萬連買一部高級轎車也不夠，所以他永遠會悵悵不樂。其他的慾求也一樣。因為人的慾望永無止境，這是人性的一部分。

另一方面，非常弔詭的是：這些極令人動心的條件，並不永遠是積極的；當其過分增多、擴大、膨脹之時，每個單項都可能會變成消極的因素，使擁有者不但得不到幸福，反而招致不幸。

財富

以財富來說，過多的財富很容易腐蝕人的品格與健康，養成驕奢放縱。也容易引起別人的妒忌、覬覦甚至歹念，而生災禍。子孫因不勞而獲，容易變成紈袴子弟或者百無一用的廢物。而兄弟鬩牆，便因為爭奪財產，釀成悲劇。

地位與權力

地位與權力也一樣，若過分的、不擇手段的爭奪，腐化、狂妄、殘酷、貪婪等必如影隨形，危機與悲劇必不在遠。含著金湯匙出生的權貴大賈的下一代並不全然幸福。驕縱、懶惰、奢侈、不求上進常是命運的報應。

美貌

美貌也沒有止境。比別人美貌的人，為求更加美貌，或求永遠的美貌，求助於美容術，結果常弄得慘不忍睹。而美貌最大的損失是飽受讚美與寵幸，不費吹灰之力而可得到虛榮與財富，因而自少不努力，老大徒悲傷。

美貌而有智慧是人間至寶，但寥若晨星；交際花與牛郎多為美女俊男，他們最難得到的是愛情、健康與尊嚴，故多為「薄命」。

長壽

長壽似乎有利無弊，但也絕非如此。周作人老年時說「壽則多辱」，有深意在焉。且不說在不合理的社會環境中因活得太老而多受折磨。「老賊」與「老番顛」常是老年人的雅號。老境的病痛、痴呆，是人生最壞的遭遇。老友凋零，子孫不孝，若再加上生活困難，長壽有時候竟是懲罰，哪有幸福可言。

愛情

愛情確是人生的珍寶，生命中至高妙、動人、美滿的賞賜。但愛情多半強烈而短暫。如長久持續，便必平淡而怠倦，必不動人。婚姻是愛情的墳墓，真是名言。

因為愛情若不浪漫，便不成其為愛情。浪漫的愛情則坎坷而不持久，與現實人生也多扞格。愛情的狂歡與痛苦常相聯結，所以越動人的愛情越酣醉，也越痛苦。古今多少偉大的愛情，消融了多少才子佳人的熱血，不言而喻。

健康

最後一項是健康。健康之重要，大部分人都會把它列為人生渴求的第一。健康與上述多項完全不同性質。其他項目過分追求必帶來不幸，唯健康不然。沒有人因為過於健康而招致災難。所以健康是多多益善，是幸福最重要的條件。

但是健康受制於兩個主觀意志所不能左右的因素：一是先天體質的優劣之不可抗拒，二是生命機體逐漸衰敗之不可逆轉。保養與鍛鍊可以小有助益，但無法以主觀努力而能保證長久的健康。幸福必要建築於健康的身體之上，但健康不可依恃，生命的安危不可預測，所以健康比其他諸項更充滿變數，也是永遠的遺憾。

智慧

有人可能說上述各項之外，似乎漏掉「智慧」。因為智慧使人生不致走上歧途，使人煥發，受人尊敬，也是幸福條件之一。誠然如此。但是別忘了人之有智慧，更顯然的結果是痛苦，而非幸福。夏娃、亞當就是吃了智慧果，變得有智慧，才知羞恥，才得「原罪」，從此得流汗流血勞作方得食物。人生痛苦由此而生。

蘇東坡曾說「人生識字憂患始」。亞里斯多德也說「寧可智慧而痛苦，不願愚昧而快樂」。的確，愚昧比較幸福，智慧即是憂患。我之所以不列入「智慧」一項，是因為這個緣故。

在現實人生中，除了上述各項之外，完美的幸福，還要有其他眾多因素的配合。比如說是否生在一個和平、安定、自由、民主的時代社會？有沒有良好的人際關係？上蒼有沒有給你很溫暖和睦的家庭與親人……無數的因素都影響到一個人是否感受到幸福，這裡且略去不談。但僅就上述人人普遍渴求八個幸福的「條件」來說，要獲得這「八項全能」已難如登天。為了這些條件所付出的代價，必使人生長期辛苦拚命。就像薛西弗斯推巨石上山，永無止息。

幸福的矛盾與虛幻

幸福的積極條件，既然不可能各項全部倖得，只要缺少其中一項或數項，便不會滿足，幸福即不可能。進一步而言，即使僥倖所有優越條件全部得到，是否就萬事大吉，幸福無比呢？答案也不那麼簡單。於是我們發現另一弔詭：每一個過分「發達」的條件不但如上面所說會變成消極的因素，而且也會危害其他的條件，相殘相剋。

上述各種條件，有的彼此相輔相成，但也有彼此矛盾衝突，互相抵銷，甚至相殘相剋者。比如貪求財富或權勢，免不了招忌樹敵，免不了用盡心機，免不了酒肉徵逐，在健康、德行、真情、愛情、子女等方面都有負面影響。而對愛情狂烈的追求，不惜代價，則對財富、地位、健康等方面都有大損傷。

除健康一項之外，幾乎任何項目的過分追求都會損及他項。這些看似十分美妙的東西，時常魚與熊掌不可得兼。所以，人人都有同樣的感慨：為什麼幸福如此難於獲得？為什麼我們永遠不如意、不快樂？我們得回頭討論不快樂的原因。

不幸福的原因

人有種種慾求。當慾求不得滿足，便感到匱乏、殘缺，於是不快樂。慾望的滿足使人覺得幸福。動物飽食之後，沉沉入睡，這一刻是幸福。但醒來他又要為下一頓飯去廝殺爭鬥。

慾望無窮，是一切痛苦之源。這「無窮」包括慾望不是一次過滿足就永遠幸福了。短暫的滿足之後，幸福感煙消雲散，求滿足的慾望又困擾著生命體。這是一種「無窮」。

另一種「無窮」是：某慾望初步滿足後，便希求更高，更大，更徹底的滿足。慾望的第三種「無窮」則是種類繁多。有吃，還要性，還要穿，還要名利地位……什麼都不匱乏的皇帝最後要長生不老。人的慾求無止盡，但是人生和世界都是有限的。這個大矛盾就是人生永遠不快樂，痛苦永遠與人生長相左右的原因。

慾望滿足而覺得幸福，但短暫的幸福之後又有更高，更大，更多的慾望求滿足。而人與世界的局限性，終究不能無窮盡地滿足人的無窮慾望，所以不如意、不滿足、不幸、不快樂是人生的常態；快樂、幸福反而是短暫的。而既得的幸福很快習以為常，馬上有旁的匱乏，旁的慾求升起，又使人陷入新的渴望與不得滿足的痛苦之中。所以，痛苦反而是實在的（常在、永在、遍在），幸福卻是虛幻的（暫在、偶在、特在）。

至此，我們當明白，幸福是一種感受，不是任何具體條件本身。感受是變幻的、不確定的、因人、因地、因時而異的。

我小時候有一次爬樹，爬到最高處，高興得不得了。這時候有一種自豪感與新鮮感，無疑是愉快的。但怎樣下來？頓時心慌、腳軟，快哭出來了。心中忽然後悔，既下不來，又不能跳下去，怕手腳折斷。

這時候看到遠處在平地行走的小朋友，覺得好羨慕。心裡想如果我能下到平地，像他們一樣行走該是多麼幸福！但是等到擔驚受怕、連滑帶撞，下到地面之後，不到一分鐘，便一點也不覺得能在平地行走有何幸福可言。這就是「幸福」虛幻的本質。

身體沒有殘障的人，會因為四肢健全，耳聰目明而整天感到幸福嗎？失明的人若得到醫治而復明，其幸福感可能比一分鐘要長，比如說一個月。不過，我們絕對確信，他後來還是有無窮不滿足的苦惱使他不快樂。比如說他想發財而不成，或者失戀……。幸福感的虛幻是慾求無窮，永不滿足的人性所注定的。

對於遇到山難或空難的人，再多金錢也不能使他感到幸福，他渴望的是脫險；饑餓的人，有一個饅頭吃便是幸福。所以，幸福是變幻無常，沒有標準，其內容因不同的時空環境與不同的人，不同的年齡與處境而千差萬別，幸福感是不確定的，相對的，不是絕對的。

既然幸福不是追求具體條件所能得到，而且諸理想的條件，也永遠沒有完滿實現的可能。所以，要得到幸福，必應另覓其他的途徑。

幸福是永遠的追求

人間沒有獲得幸福的祕訣，但可以有比較可靠的追求幸福的方向。就是不要奢望直接去攫取「幸福」。反而要不怕痛苦（匱乏的痛苦、慾求不得滿足的痛苦、人與世界的局限帶給人生的痛苦），而且要勇敢去面對痛苦，克服痛苦。

首先是降低物質慾望（肉體方面所需所求者），向超越物質的廣袤領域去作無限的追求。

其實，這是一切宗教教人擺脫痛苦，求取內心平安的根本方法。最嚴苛的便是某些宗教的「禁慾」。而宗教要人超越物質世界的追求便是「信道」。但這是不信教者所無法滿足與認同的。要做到像弘一法師破缽芒鞋到處化緣度餘生，一般人絕對達不到；更多的人則不想選擇那樣取消生命樂趣的人生道路。那麼，我們還有什麼路可走？

如果我們不願捨棄人生的樂趣，仍眷戀生命，並對這個奇妙的宇宙與複雜繁富的人間有強烈的好奇心（這好奇心裡面包含了熱愛、渴望知解與體驗等心理意圖），而我們還是希冀尋覓「幸福」，那麼，我認為最重要的是改變心態，必要毅然決然地立志做到：不畏痛苦，永遠的追求。

不如意、不滿足、不快樂既是人生的「常態」，要活在人生裡面，當然首先應該不畏痛苦，並且接受痛苦。所謂幸福，既然不是某些條件相加所能達成，也便說明不可能直接去獲得。幸福其實就是克服匱乏，戰勝殘缺，創造希望的過程。

這個過程必伴隨著痛苦，但你懷著成功的希望與憧憬，便有安慰與歡愉。在努力奮鬥中，要能欣賞、享受這個「過程」，不以「結果」的優劣來衡量努力追求的意義，才能達到「成固可喜，敗也欣然」的境界。

我們應改變一般人的想法。除去「幸福就是在世界上得到什麼」的心態，而代之以如何創造有意義、有價值的人生；如何把短暫、渺小的自我提昇、擴大，以此作為人生的目標。即以創造有價值的人生生活為「幸福」的內涵。

我認為要達到這樣的人生，一方面要有所追求，一方面要有所寄托。

有所追求

主要是追求心智、情思的成長、擴大與豐富。知識的探求與文學、藝術的滋養，是主要的途徑，也即讀書與欣賞藝術。

讀書使我們知古今，知世界，瞭解文化與人生。讀書使我們的心靈與中外古今第一流的人傑溝通、對話，並擷取他們的智慧。而文學與藝術，則打開我們心靈的另一扇窗戶，使我們看到文藝的世界，也使我們更深入地領悟人生與世界的真相，與許多藝術大師發生心靈的共鳴。我們孤單、短暫、渺小的人生遂得以擴大、昇高。

如果有人認為這是不切實際，知識與藝術能當飯吃嗎？老實說，人間若連這些都不值得我們讚歎、仰慕，便再沒有更可珍貴的東西了；生而為人，沒有親炙過這些文化瑰寶，事實上是白跑這一趟人生。

有所寄托

首先是感情的寄托。愛情、友情、親情乃至關懷、同情一切人。其次是信仰的寄托。宗教信仰永遠是脆弱的人生的依憑。除了宗教的靈修，還可培養了服務、奉獻的人生觀。許多行有餘力的人做救濟、教育、護理的義工，這也可說是另一種宗教。第三，培養有興味的、良好的嗜好。比如：運動、釣魚、收藏、旅行、參加各種活動。第四，創造有意義的志業。

我認識一位退休的王璞先生，他長期自費做「錄影傳記」。我們都知道劉紹唐先生創辦《傳記文學》，蜚聲中外，對歷史的認識與研究有非凡的貢獻。王璞先生則專做影像的傳記，把當代有成就的文學、藝術家，訪問錄影，為歷史留下生動的紀錄。許多退休的人百無聊賴，日子難以打發。但是，創造性的人生總可以找到有意義的志業，在工作的過程中發揮生命的毅力與善美。而工作的成就嘉惠人間，又受到尊敬與感佩，自然有莫大的欣慰。

追求、努力，工作當然艱辛，但是幸福就在艱辛的追求中感受到生命的樂趣與價值。幸福就是在人生的匱乏、殘酷、不完美中創造希望，在追求希望的過程中克服並超越痛苦，幸福的感受便在心頭。所以，人生的痛苦實在是人類追求幸福的動因。這樣改變心態，對痛苦便有全新的認識。

如果我們能從各個層面深入瞭解幸福的真相，雖然不可能因而取得通往幸福的捷徑，但是，起碼不會因盲目的徒勞而招致不斷的失望。如果我們能不斷創造希望，幸福感便不斷產生。在往成功的目標奮進的過程中，希望與憧憬使我們興奮，而充滿無盡的願力，那便是幸福。

心中有道，回家有路

王邦雄（淡江大學中文系教授）

如果你說最愛他，可能就會最氣他；
因為，我們對所愛的人往往會生最大的氣，
越愛就越氣、越疼就越痛。
「心中有愛」實不如「心中有道」；
讓我們把這個「氣」放下來，心平氣和，
愛才會出來，人也才會修成正果。

有一年暑假，我到美加地區走了一趟，一路上皆住親戚或是學生家裡；因而知道，海外華僑不管工作多忙，每天一定要收看一天只播半小時的台灣新聞。從兩岸互動到政經情勢，每件事都讓他們十分關心；令人強烈感受到，這就是對「家」的認同——人在異國，心繫家鄉。

家是最後所在，終身追尋的依歸

在東方人的世界及文化傳統裡，「家」有一個極特別的意義，不但是我們「出生的地方」，也是「最後要回去的地方」。

每個人這一生不管去哪裡，最後總是要回家；尤其是遊子倦遊歸來，「家」就是他的根土。所以中國人說到「家」，頗有一些宗教上的意義，意指我們打哪兒出來，最後也是要回到那兒，落葉歸根。所以，「家」亦有「最後所在」的意義。

故而人在異國他鄉，心仍是在家的，因為它是「最後」的地方，也是「最高」的地方；是我們的安全感、我們的愛。我們一生的理想，皆從此處出發；因此我們把這最後的地方叫做「終」，而最高的地方叫做「極」。「道」就是「終極」原理，如上帝、佛陀一般，是至高無上的境界！

所謂「心中有道，回家有路」就是說，不管任何時候，我們在外遭遇挫折、難題，都可以回去獲得家的庇護，因為「家」永遠是為每一個人而開放的。但是，回家如果只是一個形式，而沒有「道」的話，回去也沒有什麼意義；因為，「道」就是親情、愛心、溫柔、體貼、感動和生命，一個家若是沒有它們，還能叫做「家」嗎？

「家」的意義都沒了，人要怎麼回去呢？所以我認為：「心中有道，回家才有路！」若是少了「道」，「家」也就不成家；就好像我們走在台北街頭，漫無目的，不曉得何去何從一般，雖然「路」很多，卻沒有一條是自己想走的。只有當我們決定去走某一條路的時候，它才是有價值的路。所謂道路，就代表我們的理想和追尋；如果光講「路」而不講「道」，一定造成交通癱瘓，行不得也。

兩岸問題如此，夫妻、親子、同學之間相處也是如此；若是你走你的陽關道、我走我的獨木橋，彼此之間還有什麼好談的？

無論命運如何，人生一定有路可走

人生一定有路可走的，但是，什麼是人生呢？人生的幸與不幸，和你遇到了什麼樣的父母有很大的關係；我們的命是父母生的，我們的身高、體重、長相是父母遺傳的，氣質、性向是家庭塑造的，這就是「命」，是天生即已注定的。但是，還有後天的「運」，讓我們有機會扭轉命運，對生命做好的轉變。所以，儘管我們常說「命、運」，但重點在「運」而不在「命」。

每個孩子剛出生時，都一樣地天真可愛，不一樣的是他們的父母，及父母日後對他們的影響。因為，做父母是一生一世的，不只是先天上賦與孩子的

「命」，而且還要引導孩子怎麼走自己的成長之路！

因此，古人所謂「天地之大德曰生」認為人生最艱難的任務是生兒育女，一生下來就是一輩子的責任。而真正的修行道場即是「在家」，「家」即是「道」！身為父母，唯有通過生兒育女這種考驗，才能修成「天地之大德」的正果吧！

重新肯定自己，在家工作即是修行

我們會老，可是兒女會成長。由於兒女的成長分分秒秒都在進行的，因此父母應陪伴在他們身邊、全力以赴。

有一次搭計程車時，聽到電台主持人說，一位太太本來在某事業單位表現不錯，並已當上主管；生了兩個兒子後，便辭職在家當全職媽媽。最近覺得身體不舒服，上醫院檢查結果正常；原來，是她因家事過於勞累而有「為誰辛苦為誰忙」的感慨，導致全身不舒服，這也是許多全職媽媽常見的心結。

其實，做一個母親與家庭主婦最重要的就是，要肯定自己所做的事是全世界最值得做的，絕對不要以為自己只是家庭主婦，每天只有做家事，沒有成就感與挑戰性，好像只有出去上班才能發光發熱；回到家庭，生命就失去了舞台與空間，而感悵然若失！

所有的太太與媽媽，千萬別再質疑與恐慌，一定要建立自信，相信自己所做的事情是全天下最值得肯定的事。因為，天地的大德也不過是「生」；而媽媽們在家中，不僅完成了「生兒育女」，而且還是一個家庭的中堅力量；母親之偉大，甚至可以媲美「媽祖」了！

如果媽媽是「媽祖」，爸爸是「師父」，那兒女就是「小菩薩」、「活菩薩」，應不應該回去好好地修行、膜拜他們呢？所以，家是最高貴的地方，也是最嚴格的考驗。

最愛即是最痛，心中有氣必須放下

我為什麼說「心中有道」，而不說「心中有愛」呢？愛到最高點，一切好像就沒問題了；可是，當我們講「心中有愛」，一定得面對「愛」的後遺症，那叫「心中有氣」；一肚子的氣在裡面冒火，卻是因為愛。愛是最高貴的情操，值得我們一生去追尋；我們愛父母、愛先生、愛孩子……我們也可以愛鄉土、愛兩岸、愛世界。但是，這種愛很難修成正果，因為愛底下有「氣」，我們的愛是通過「氣」來承擔與實踐的。

如果你說最愛他，可能就會最氣他，因為我們對所愛的人往往會生最大的氣！所以閩南話說「愛」叫做「疼」；其有一個意思是「疼愛」，另一個意思是「疼痛」。所以，愛就是痛，最愛就是最痛，也就是「你是我心中永遠的痛」，這個結、這個痛，有時會大到毀壞原來的愛。

所以我們會講氣話，讓愛被氣壞了。因此，當人世間出現親子、夫妻、兄弟、朋友等之間的一些困擾、難題時，請不要懷疑「人間是否還有愛？」因為，所有的愛都要通過氣的考驗；有時不是我們沒有愛，而是我們承受不住。

比如女兒還小時，常常半夜醒過來哭；當時我因為白天、晚上都有課，受不了她的哭鬧，就帶著棉被到樓下打地鋪睡覺。其實我平常是最愛她的，每天都要帶她去外面「秀」，讓大家知道我有一個可愛的女兒；可是晚上兩、三點她哭鬧，我就受不了了。

所以，愛就是要承受「氣」的無情考驗，越愛就越氣、越疼就越痛！「心中有愛」實不如「心中有道」；讓我們把這個「氣」放下來，心平氣和，愛才會出來，人也才會修成正果。

愛之循環不息，在於自我不改本色

天下最需要修養的人，便是為人父母者。所謂的「天下父母心」並不是從天上掉下來的，而是在人間修行得來的、在家中的道場修煉出來的。

所以，我們問問自己，人間有怨恨嗎？我們真正心裡面只有恩和愛，何來怨恨呢？它本來是不存在的，它是來自於恩愛的不圓滿、遺憾。就好像人生最大的難題，就是兒女出生；此後，做父母的就失去自由與自我的天空，每天都被奶瓶、尿布包圍。本來是愛他們的，後來變成恨他們；本來是恩，後來變成怨，也累積成對婚姻的不滿、對兒女的不滿、對整個家庭的不滿，造成愛的變質。

如果光講愛，難保不會變質，不如講「道」。因為愛會變質，造成愛不下去的結果，會厭倦、逃避、棄絕，甚至讓對方消失；所以，假如沒有了「道」，愛就是人生最大的苦難。莊子說：「愛之適足以害之。」就是說愛他反而變成害了他。

什麼叫做「道」？老子說「道」有兩種意思：一種為「獨立不改」，一為「周行而不殆」。天道永遠不會改變他自己，所以為人父母者要「獨立不改」，要好好愛自己，不改天真、浪漫與童心；在兒女成長的路上，我永遠是我，要先疼惜自己才能疼惜兒女，而不是人到中年才發現自己已經不是以前的自己，因而發生恐慌及失去自信。

什麼叫做「周行而不殆」？不殆就是不停，不改就是不會變質。原來，愛不止息就是因為「有道」——我永遠是我，一生不改我的本色；一路走來，我還是我，我的理想、感覺、感動，永遠是原來的我，這就是自信。

進入心靈道場，人生必經三段修煉

我所說「家是道場」，最需要修行的是父母，這樣的修行過程就是「在家、出家、與回家」。「在家」就是家事、家計、家累，苦難的家，做不完的家事，這就是「在家」；所以，在家就好像變得很庸俗、牽累、苦難。那怎麼辦呢？

接下來的「出家」是修養、修行的意思。比如媽媽在先生上班、兒女上學後，暫時從「家」走出來，走向一個義工、慈善或成長的團體，從中得「道」。

媽媽成長之後，回到原來的家就會不一樣了；因為，做媽媽、太太的已經「心中有道，回家有路」，她獲得成長，不會再覺得自己什麼都不是；如果只是為先生、孩子忙，心中就委屈了！

所以「在家」、「出家」與「回家」是修煉的整個過程。「在家」是現實的家，真正的道場在廚房；我們還得要「出家」，走出一條成長的路，生命才會有伸展的空間，心中也才會悟「道」。然後再把「道」帶回家，才是真正的「回家有路」。

這樣的三個進程，「在家」可說是「見山是山，見水是水」；「出家」是「見山不是山，見水不是水」；「回家」是「見山又是山，見水又是水」。山水依舊，但是山水筆觸下不再是原來的山水，而是田園式的山水畫囉！

每個人都需經過三階段的成長，從「我就是我」、「我不是我」達到「我更是我」。希望就此能讓天下的父母、兒女和天下的先生、太太都學習「在家」修煉，讓自己融入家中，成為家裡的一分子；再各自「出家」去外面學習成長，最後把成長的成果帶「回家」一起分享，從而修得人生的正果，這就是「心中有道，回家有路」最圓滿的結果了。

（內容整理：謝蕙蒙）

懂得幽默，人生是彩色的

方蘭生（文化大學大傳系教授）

真正的幽默，並不是拚命講笑話而已；
而是能放下身段，讓人感覺到跟你相處很愉快。
只要使用的時機恰當，不但博君一粲，
給人留下好印象；而且還能借力使力，
在逆境中化為個人成長的動力。

你覺得自己缺少幽默感嗎？每次去各種場合演講，常會碰到聽眾問：「怎樣培養幽默感？」可見大家都承認，做個有幽默感的人是一件好事。

有人說，中國人是最不懂幽默的民族；只是，什麼才叫做「幽默」呢？

記得有一次，兒子考完試帶成績單回家，媽媽一看差一點抓狂；因為，全班五十七個人，他竟考了第五十七名。但是，抓狂又如何？對事情一點幫助都沒有呀！所以當我看到成績單的時候，就拍了下桌子說：「太好了，這下我們再也不用擔心孩子的成績會退步了。」除非下學期他們班上又多出一兩個轉學生。

懂得自我解嘲，化解尷尬最高段

我想，所謂的幽默，就是教人不要太死板，多從不同的角度去看人生，或許你會發現一些有趣的事情。畢竟，人生不如意十之八九，不如意的時候遠比得意的時候來得多；如果能夠在生活中隨時保持輕鬆愉快的心情和幽默感，不僅是對自己，對周遭的人更是一個很棒的支撐力量。

前美國總統雷根可說是這方面的專家。有一次，他去參加一所高中的畢業典禮，當地的名流政要、校長、州長……通通都來了。正當雷根致詞演說到一半，坐在台下的總統夫人南茜突然從座椅上跌落在地上；場面頓時很尷尬，大家想笑又不敢笑。這時，雷根幽默地說：「南茜，我們不是說好，如果演講完沒有人鼓掌才來這一招，妳怎麼現在就用了呢？」立即輕鬆化解了這個局面。

以我來說，從小到大，因為名字叫「方蘭生」，而經常被人錯認為女生。我出生在河南開封附近的蘭風縣，叫做「蘭生」是件很自然的事；就像你在北京隨便一問，就有一群叫「陳京生」、「楊京生」的。

每次被人誤稱為「小姐」，我只好自嘲說：「這能怪誰呢？只好怪母親把我生錯了地方。」不過，從小住基隆的我後來發現，叫「方蘭生」其實也沒什麼不好；萬一出生在基隆，我的名字豈不變成了「方基（雞）生」？

可見，自我解嘲只要表現得當，不但可以替自己找到台階下，同時也是化解周遭僵硬氣氛、讓人輕鬆一笑的好法子。而培養幽默感，最重要的一課是你必須懂得消遣自己；這一點西方人似乎做得比東方人好，可能是因為文化背景不同，西方人從小就鼓勵小孩子表現，敢於自我消遣。

這種「敢於表現」、「懂得自我解嘲」，其實就是一種「豁達」的人格表現；只要使用的時機恰當，不但博君一粲，給人留下好印象，而且還能借力使力，在逆境中化為個人成長的動力。

抓住節奏重點，練説笑話有技巧

幽默，從另一個角度來講，就是「愛說笑」——可別小看笑話的力量。記得我在美國陪太太生產時，醫院主張自然生產法，教孕婦以呼吸把陣痛降到最低，並要求老公們要全程參與，待妻子臨盆時陪同進入產房，在旁邊專門負責講笑話；所以，那段時間我看了很多笑話，只要太太一痛就講笑話給她聽，真的非常有效呢！

但是，沒有人天生會講笑話，最直接的作法其實是「多練習」，笑話要讀、要記、要訓練，才會越講越熟練。我也從小開始訓練孩子，鼓勵他們多講學校發生的有趣事情給我聽；每次我都笑著聽他們說，他們就會越說越起勁，也就越來越喜歡講笑話；因為感覺被肯定，就會有成就感。

有些人不敢講，或許是因為怕講出來不好笑。相同的笑話，為什麼有的人一講就可以讓別人笑個不停，換另一個人講卻沒有相同的「笑」果？這就是幽默的藝術了。

基本上我覺得，「幽默」本身是一件有創意的事情，像政治漫畫就常利用現實事件製造一些「突槌」的笑果；例如，畫某政黨領袖和豬哥亮坐在路邊攤一起翹腳喝酒，讓人會心一笑。所以，聽笑話不需要把笑話看得太過嚴肅，才能激發出個人的幽默感；而說笑話的人要能抓住引人發噱的說話節奏與重點，才會讓人覺得好笑。

保持赤子之心，渾身散發親和力

既然並不是每個人天生就會說笑話，那麼「幽默感」究竟是從何而生呢？在我們生活裡，要懂得幽默其實很簡單，就是要保持一顆「赤子之心」。你看孩子們說話天真自然，沒有機心，所以能夠討人歡心。換句話說，「赤子之心」就是指「親和力」；一個人的親和力夠，會讓人覺得渾身散發親切感，自然能排除陌生的敵意，增進自己的人際關係。

很多人感慨現代社會缺少人情味，一個沒有人情味的地方，怎麼會有幽默感呢？大家回想一下，小時候街坊鄰居上雜貨店買東西，光是「吃飽了嗎？」就可以聊上十分鐘；而現在上便利商店，經統計，標準的消費時間是三分三十五秒，比起以前快多了，但卻少了人情味，無法喚起人與人之間互動的幽默感。

試想，假如你帶著成績單去應徵工作，面試者問：「你在學校的國文還不錯，英文為什麼會考成這樣子？」一般人可能會覺得很不好意思，就很小聲的回答說：「因為我沒準備好。」可是你不同，如果你提高音量大聲說：「喔！關於英文，可能是我準備得沒有國文好。」意思雖然差不多，聽起來就比較有創意多了，不會給人缺乏自信的感覺；而且，人只要一大聲，膽子就大了，比較敢表現自我，一定能夠讓主考官留下好印象。

所以，「豁達則通」；人一豁達，就會返璞歸真，比較敢講。只要敢講、多講，就能講得好，大家不妨試試看。

善用鄉土語言，爭取在地認同感

談到語言的魅力，宋楚瑜以前當省主席時，上任第一件事就是學說台語。每次下鄉走透透，他一定把握機會用台語向人問候，看到老闆就說：「老闆，生意好嗎？」看到抱孩子的婦女就問：「這是妳小孩子喔！好可愛。」

有一次他經過一家洗衣店，照例用台語跟人家打招呼。洗衣店老闆娘高興地說：「主席好勤快，一大早就來我們鄉下，而且來過好幾趟了！」宋楚瑜也開心地說：「老闆娘才勤快呢！透早就在『脫』衣服。」一說完，鄰居都圍上來看洗衣店老闆娘「脫」什麼衣服，才知道原來宋主席把「熨衣服」講成了「燙衣服」（台語「燙」、「脫」發音相近）。

由於他是年過半百才學台語，即使講得不好，像是常常把「我是……」講成「我死……」，令人噴飯；但只要他一上電視，大家就爭著要看，因為吃飽沒事就來笑一笑嘛！

說「在地話」就是能產生這麼大的魅力。可見，要爭取人家的認同，首先要會說人家聽得懂的話，才能令人產生共鳴。比如我去基隆演講，一上台就說：「我是基隆長大的。」馬上就跟台下聽眾的距離縮短了很多。在地的語言和認同，實在是人際互動最基本的工具。

但是，E世代有些人誤以為幽默就是「毒舌派」——專門挖苦別人。因為中國人從小被壓抑；小時候最應該是「童言無忌」的年齡，只要講一兩句搞笑的話，就會被大人責備，動輒叫他閉嘴，久而久之就失去了這種「無厘頭」的搞笑本能。長大以後想逗人笑，就只會直接用挖苦的方式說出來；假如只是消遣自己還好，若是消遣別人就容易不小心傷到人，讓人產生不舒服、不被尊重的感覺。

輕鬆放下身段，生活處處是靈感

我常開玩笑說，「毒舌派」的舌頭一定是黑色的；真正有幽默感的人，講出來的話應該是人家高興你也高興，不會傷害到別人，所以舌頭是紅色的。

我們要知道，真正的幽默並不是拚命講笑話而已，而是要抓住人與人之間的「感覺」；這種感覺，台語就叫做「奇檬子」——kimochi（從日語引用）。二十四孝裡「綵衣娛親」的故事，是說一個六十幾歲的老頭子為了孝順八十幾歲的父母，每天打扮成小孩子，又唱又跳地設法討父母歡心，這就是能放下身段。而上班族主管偶而輕鬆幽默一下，一定比天天板著臉教訓部屬的主管業績高，這也是一種放下身段。

只要你願意放下身段，不管是朋友之間、親子之間還是夫妻之間，讓人感覺到跟你相處很愉快，繼而才會有「人悅、己悅」的良好互動。這就是為什麼我鼓勵大家平常要多幽默一下，生活才不致那麼枯燥無味，人與人之間的相處也比較輕鬆愉快。

比如朋友見面，在以前我們都會習慣問：「吃飽了嗎？」但一個朋友告訴我這句話已經過時了，現代人見面應該要問「你在減肥嗎？」因為現在比較流行瘦身話題。這就是「感覺」對了，才能找出彼此的共同點，進而說出對方喜歡聽的話。

換言之，先有「人悅」才會產生「己悅」。只要我們隨時保持一顆幽默的心，不要一直鑽牛角尖，自然就會發現生活中處處都是有趣的靈感，幽默感自然源源不絕了。

（內容整理：謝蕙蒙）

計畫永遠趕不上變化

藍三印（銘傳大學諮商與工商心理學系教授）

天下沒有恆久不變的事物，
人生際遇也不可能永遠平平泰泰、一帆風順。
好的計畫，就是要為人生的變化作好風險管理，
不必害怕任何意外的發生；遇到變化，
反而可以當作一種人生的磨練與考驗，甘之如飴。

在凡事都講求「快、快、快」的現代社會，很多事情不但節奏步調加快，而且變動性也很大。像現在人手一「機」，今天剛出爐的新手機，叫價一、兩萬元，隔了幾天就變成一千元，甚至還有「一元手機」免費送給你。許多事物天天都在變，變化之快教人抓不住；有些人因此感到迷惘，不知要怎麼調適，好像計畫永遠趕不上變化。

好的計畫，要做好應變的準備

身處在快速變動的社會中，我們都應該學習如何面對，才不會感到難以調適。但是，該怎麼調適呢？事先計畫有用嗎？如果外面的世界變化這麼快，無法事先預料，為什麼還要作計畫呢？

時下年輕人談戀愛，總喜歡說：「不在乎天長地久，只在乎曾經擁有！」因為大家都體會到，天下沒有恆久不變的事物，人生際遇也不可能永遠平平泰泰、一帆風順，總有高潮起伏和重重波折，誠所謂「人算不如天算」；與其步步為營，不如「兵來將擋，水來土掩」。

可是，換另一個角度來看，面對人生變化無常，事先計畫真的完全沒用嗎？倒不見得。《孫子兵法》說：「毋恃敵之不來，恃吾有以待也。」意思就是勸人在順境時多為逆境預作準備，遭逢逆境時才能處之泰然。就像理財專家勸人買股票時，要考慮到「分散風險」，避免把雞蛋全部放在同一個籃子裡；如此，不管外面世界如何變化，才不會措手不及。

所以，好的計畫，就是要為人生的變化作好風險管理，讓你在人生既定目標和未來願景中築夢踏實，不必害怕任何意外的發生；遇到變化，反而可以當作一種人生的磨練與考驗，甘之如飴。

大自然的變化，像颱風、下雪等人力無法改變的現象時，可以想個方法與自然共生；比如在雪地上前進，用滑雪或是狗拉雪橇的方式，都比用腳走路容易得多了。這就是「山不轉路轉」，而不是硬碰硬，赤手空拳地去挑戰自然。

記得小時候，看到飛機從頭頂上飛過去，是慢慢的，在空中劃出一條美麗的長尾巴；可是現在則是一下子就不見了，不像以前可以讓人一直看著，目送它越飛越遠。這就是科技的進步讓時代真的不同了。

加強預測，充分掌握未來變數

我們就從自己可以掌握的部分做起吧！我的父親曾對我說：「一生中會影響你的有幾種人，第一是父母，第二是配偶，第三個是兒女。」如果你的父母親和配偶都很好，但生的兒女卻不長進，那你會很累！但天底下唯有父母和孩子，是你無法選擇的，只有配偶可以選。那麼，應該怎麼選才不會選錯呢？

「在什麼地方就會碰到什麼樣的人」；如果你常跟流氓混在一起，就可能會變流氓；常跟教授在一起，自然就可能變成教授。政大有位老師，年輕時家裡很窮，他必須坐火車上學；可是，他每次都寧可走路，再省下兩次搭普通車的錢去坐快車。因為他認為，坐快車的人水準比較高，比較有希望交到貴人。

後來他去比利時留學，也事先打聽哪個教授最有學術名望，請他擔任指導教授。有一天，他跟著教授去參加一場宴會，無意中認識一位長者，兩人相談甚歡，後來透過這位長者的推薦，得到一筆獎學金，順利完成學業。這位年高德紹的長者原來不是普通人，而是比國的前任總理。

所以，「在什麼地方會碰見什麼樣的人」，也就是中國人說的「近朱者赤，近墨者黑」；選擇配偶也是一樣，你想要什麼樣的對象，就儘量去接近那一族群的人，有計畫性地朝這個目標邁進就對了。雖然，我們無法完全掌握未來會發生什麼事，但可以加強預測、控制變化的能力，接下來的就是「盡人事、聽天命」了。

面臨轉機，有改變才有新希望

「變化」的意義在哪裡？假如世上都沒有任何變化的話，就像人一年三百六十五天都穿同樣的衣服，那多單調呀！可見「變化」不全然是壞事。四季分明的地方，夏天跟台灣一樣熱，冬天下雪，秋天有楓葉，春天則是滿山遍野的花；那種一年四時循序變換的自然景色，就像人間仙境一樣，是非常令人感動的。

「變化」代表著希望、轉機、新的機會、新的突破、成長的機會；如果你一直都是一成不變的堅持同樣的思考、做法，頭腦就會漸漸僵化。

日常生活也是一樣。如果第一次談戀愛就分手，之後也還活得好好的，那麼以後再碰上失戀也不會死了。因為，失戀最痛苦的就是第一次，不知道分手以後活不活得下去；其實，只要這一次能度過去，以後就算再失戀就能「免疫」了。就像一個人總要經過生病，身體才會產生免疫力；下一次再碰到相同的疾病，就會自動有所準備，提高個人的適應能力。

相對地，「一成不變」是國家衰亡的主要原因。中國有句話講：「無敵國外患者，國恆亡。」意指一個國家如果太過安逸，會逐漸放鬆警戒心；一旦遭到敵國入侵，很快就守不住。就像有人說「一個人從來不生病，一生病就完了」，是相同的道理。

所以，不要老是認為崎嶇的路必定是不好的。要知道，路越是崎嶇風景越漂亮，像中橫、南橫公路，一路上彎彎曲曲的，景色十分秀麗；國道高速公路雖然筆直平坦，景色卻比較單調乏味。如此轉念一想：「人生不可能事事如意，但可以盡心盡力；崎嶇的人生才有看頭，氣候多變化才美麗。」便能當下釋懷，改變心情了。

身處逆境，更需認真活在當下

人其實是善變的動物。談戀愛時要防「情變」，當兵時最怕「兵變」，結婚後常碰到「婚變」，子女不肖時又有「家變」……各種大大小小的變數，充斥在我們的人生當中，誰也不知道自己哪一天會碰上。

所以，「人生無常」是正常的，「一成不變」反而是不正常的。在「變」與「不變」之間，我們何不多往好的地方去想；既然變化是不可避免的，我們便應該思考來看看應如何應變。

佛家以「成、住、壞、空」四字來形容人生的變化，意思是：一個人自出生、學步到成年，每一天、每一時、每一刻都在不停地變化、成長；長成之後，身體就開始走下坡了，病痛、衰老如影隨形，直到生命末期自然結束。

我們唯有建立更健康的人生態度去面對人生的各種生、老、病、死；反正「哭也一天，笑也一天」，與其愁眉苦臉過日子，何不打開心胸，認真活在當下，不必太過憂心害怕，也不要因為一時的失意挫折而懷憂喪志，放棄努力。

閩南語有句諺語說：「吃苦就是吃補」、「順利是幸運，不順是轉運」，也是同樣意思。所以我常勸人：身體不好的時候，一定要好好調養，這是上天給你機會，把自己平日不會注意到的毛病找出來。有些人「久病成良醫」，而這世界上最多災多難的民族，往往是最堅強的民族。我們唯有這樣抱持正向的態度，才能鎮定面對所有的困難挑戰，把生命中的阻力化為助力。

世界上唯一不變的定理就是「不斷地變」。變化的程度我們無法掌握，可是我們可以隨時做好準備，設想若有變化時，自己要拿出什麼備案來應變？

比如，我們每天的工作行程全部滿滿的，從早上起床出門到晚上回家睡覺之間，都是全家出動，家中沒有一個是閒人；一碰到有家人生病時，全家就癱瘓了。

以前農業社會的時代，家中有很多人手，隨時可以接手應變。所以，每個家庭要建立責任分工的觀念，碰到事情時才能馬上調度人手——有人負責帶人看病，有人負責處理其他事務；井然有序，才不致造成慌亂。

臨危不亂，凡事都有最壞打算

這世上誰都無法預測未來會發生什麼變化；所以，當先生月入十萬時，太太最好也能賺五萬，以防先生萬一不在時，自己還能支撐這個家。很多單親家庭，不管是夫妻一方死亡或是離婚，最大的危機便是經濟來源中斷的問題。

當我們無法掌握別人時，最好能夠先掌握自己；就像開車，你必須先替自己綁好安全帶，確保自己的行車安全，才能想到其他的事。所謂「山不轉路轉，路不轉人轉」，做任何事情都要有最壞的打算，作任何計畫都要列入「危機」的處理，為自己裝上重重安全防護；如此面對多變的人生，才能有恃無恐，不害怕、不逃避，用平常心去面對！

只要抱持這種正向的人生態度，即使「計畫」永遠趕不上「變化」，一旦碰上時，打拚就對了，努力與收穫終必成正比的。

（內容整理：謝蕙蒙）

當西方遇上東方

——談文明、斯文與禮貌

南方朔（專欄作家、文化評論家）

中國人早在三、四千年前就制定了「周禮」，
同一時間的西方人，還跟野蠻人一樣，
只會用手抓東西吃，毫無文明可言；
為什麼發展到近代，反而是西方文明凌駕了東方？
這裡面原因很多，其中最要緊的是「思想」。
一個國家、社會民族整體的文明提昇，
並不是全靠少數人壓抑自己的慾望便一蹴可幾的。

在科技高度發達的現代社會，我們每天享受著各式電器所帶來的便利；出門有車代步，回家可以無遠弗屆地上網……種種看似舒適又方便的生活中，哪裡會懷疑這種西方文明對人類社會有什麼不好？

西方民主法治，改寫了世界文明史

當人們大量接受「西化」，並肯定「西化」就是「現代化」的文明指標時，從好萊塢電影到英美式的議會政治和民主選舉，無一不照單全收，便逐漸忘了甚至不再去思考所謂的「文明」究竟是怎麼發生的。

你或許會說，文明就是文明，有什麼好思考的？由於人類文明不斷地在演化，整個世界就像一個「地球村」一樣，西方國家成天都在開高峰會議，討論著跟全人類幸福有關的事情；不管是汽車排放廢氣污染的問題，還是如何建立網路世界的新秩序，防止電腦駭客的入侵等等，反正遊戲規則訂出來之後，我們台灣跟著做就對了。

所謂的「文明」，在此只是科技的代稱，並不足以代表精神層面的歷史與文化；換言之，擁有五千年悠久文化歷史的中國人，竟然只知西方文化，奉西式禮儀為禮儀，而不知中國文化和東方文明，豈不怪哉？古人說：「禮失求諸野」，指的不就是這一代對自己文化沒有信心的中國人嗎？

其實，打開人類文明史，我們看到西方文化的真正發展，遠比東方文化晚很多。直到十六、十七世紀文藝復興時期，才有人提到「斯文」與「禮貌」；而他們所提到的「斯文」，其實就是我們中國古代談的「禮教」，二者的精神和內涵是完全相同的。

中國人早在三、四千年前的商周時期，就制定了「周禮」，一部《禮記》裡面記載了當時的人們怎樣吃飯、穿衣，社會各階層的人們如何行止應對；即使貴為「天子」，也不能恣意妄為，因為「天子犯法，與庶民同罪」。

而同一時間的西方人，當時還是跟野蠻人一樣，只會用手抓東西吃；出門在外若互相看不順眼，馬上來一趟「決鬥」，拚個你死我活，毫無文明可言。為什麼發展到近代，反而是西方文明凌駕了東方，西方的民主法治精神和「公民社會」意識改寫了近代的世界文明史？

東方優越禮教，受到封建社會扭曲

這裡面原因很多，很值得大家探究一番；但其中最要緊的，是創造文明進化的「思想」。從中我們看到，中國古代的大思想家、大哲學家，把「修、齊、治、平」當一輩子的志業，終身念茲在茲，衣帶漸寬終不悔；而近代人比較不願意花功夫研究，只想撿西方現成的，等人家研究出一個結論，自己再來坐享其成。

如此一來，西方的文化、文明和禮儀獲得發揚的機會較多，東方文化較少；即使被拿出來討論，也是受批評、否定的比例較西方文化為高。久而久之，就造成了此消彼長，西方文化的發展遠遠超越東方之上。

但是，這並不代表西方文化一定優於傳統的中國文化。只能怪我們自己不爭氣，因為不愛思考及偷懶的結果，沒有把我們祖先好的、優於他人的文化傳統保存下來；甚至到了宋朝還演變成「禮教殺人」，使傳統的禮教文化精神受到扭曲，變成了會殺人的工具。這一連串的思考反動，導致傳統文化被後人當作封建社會的「遺毒」，實在是非常可惜的一件事。

從「利己」到「利他」，推動文明大躍進

根據晚近行為學家研究，西方人一直到十八世紀都還是用手抓東西吃飯，吃完的雞骨頭就往後一丟，吃相十分不雅觀；當時留下來的歐洲宮廷畫顯示，古代的皇帝吃飯時，餐桌上都會放一大堆白布，是給王公貴族們用來擦手的；一餐飯吃到最後，桌上到處都是髒布，當然讓人看了很不舒服。直到後來漸漸出現使用

刀叉，減少把手弄髒的機會，才徹底改進餐桌上的景象。

由此推知，人類文明的進化，最主要的動力並不是為了「利己」，而是因為「利他」。比如用手抓東西吃飯，對自己來說，當然比透過刀叉或餐具來得直接方便；但是吃相難看，加上製造髒亂，讓旁人感到不舒服。因此，西方人吃東西，從用手抓演變到全面使用刀叉，花了近兩百年的時光，才逐漸演變成社會共識，大舉改進了吃飯的習慣。

可見，人類所謂的禮貌、禮節，最原始的動機是約束個人的行為，以利社會整體的舒適、安寧，把不希望被人看到的、討厭的、噁心的、品質不好的、不舒服的事物隱藏起來，讓大家眼睛所看、耳朵所聽到的，都是乾淨、高尚的、有條理的事物。

這樣一個文明、有禮貌的社會，雖然約束了個人行為，但卻能維持社會整體的運作，避免任何人一高興就在公共場合大聲喧嘩，或在馬路上橫衝直撞，造成別人的不舒服與不方便，如此即產生了所謂的「斯文」（civility），一群斯文有禮的公民所組成的社會，也就是我們所說的「公民社會」（civil society）所代表的意義。

所謂公民社會，從斯文與禮貌做起

西方人怎麼看待我們中國人講究的「禮」呢？據說，「斯文」概念的形成，是一六三〇年文藝復興時期，荷蘭的一位思想家伊拉斯謨斯（Erasmus）所率先倡導的。當時，剛脫離黑暗時代的歐洲，逐漸出現很多「城鎮」（civita），大量鄉村人口逐漸湧進城市，產生了一股「鄉下人進城」效應，例如隨地大小便、吐痰、言詞粗鄙等，把一些鄉下壞習慣也帶來了。

當時，伊拉斯謨斯有感於這樣的社會，毫無個人的尊嚴和品質可言，生活也毫無希望和未來，如此之社會終將瓦解而不成其社會。因此，倡議在「公民社會」中，每個人都應對自己所生活的城市抱持夢想和希望，勾勒出這個城市居民應擁有哪些特質；透過大家的期許和想像，一個由「城鎮」出發的概念，發展成「斯文」（civility），共同組成了「公民社會」（civil society）。

因此，「城市居民應擁有的人格品質與行為規範」，可說是西方社會對「斯文」最早的定義。在這個定義之下，西方人不會說「我們應該怎麼做才算文明」，而是說「這個行為太過野蠻了，我們不應該做」。

因為，究竟什麼叫做「斯文」，可能沒有幾個人答得上來；可是，大家都知道什麼叫做「野蠻」。城市的住民便透過對野蠻的共同否定，採取負面消去法，見一個消除一個；當負面的野蠻行為越來越少時，就代表社會正面的「斯文」程度越來越高，便形成了這整個社會的行為準則。

因此，我們知道，以「civil-」這個字根開始的字，所代表的是「城市居民的品質」；要以「斯文、禮貌」做前提，否則就不是「公民社會」了。從城鎮出發，才有「斯文」，再由「斯文」產生了文明（civilization），才能讓政治變得有功能，社會變成好的社會。並不是隨便說：「你是公民，我也是公民」，也不是只要共同生活在同一座城市中就是城市居民。

心懷羞恥觀念，才能遵守禮法規範

可見，不論「斯文」和「禮貌」，起源於個人的自律、利他，或是建立公民社會的動機，都還只是人類文明的表面；否則，城市人不能隨地吐痰、大小便，並不代表鄉下人就可以在自己鄉下隨地吐痰、大小便。

如果每個人都懂得克己復禮、有所自律，這整個社會才有可能呈現良性的互動；這象徵著我們期待一個怎麼樣的社會，而這社會自會提供一個怎麼樣的生活品質。這種品質、滿足，才是鞭策人們遵循禮教，發展斯文、文明和禮貌的共通基礎。

行為學家也發現，人性本質上雖然都是自私自利、貪得無厭的，仍是可以透過「斯文」的培養和社會整體的規範，來要求人們克制自己的慾望，去從事「利他」的工作。

所以，《禮記》上有句話的意思是：禮是用來耕理內心的田。它最終的目的是要讓人自己去思考何謂大是和大非，藉由斯文、文明、禮貌的教養，把自己言行上粗糙的表面磨到很光滑，最後表現出來的即是禮節；這是一個國家、民族社會整體的思想走向和文明之提升，並不是全靠少數個人壓抑自己的慾望來達成。

因此《禮記》上所謂的「禮」，並不是只看結果，而是要看社會全體的羞恥之心與如何各取所需而定。

激發道德正義，促進社會向上提升

羞恥之心有兩層意思，一是「不好意思」，另一則是「良心不安」；具體來說，便是屬於個人的情感層面的制約。比如，衣冠不整被人看到時會覺得不好意思，或在路上看到一個臥倒的乞丐，會突然心生不忍；這兩者相加的總和，就是人類建立道德觀的基礎。

其中，羞恥之心是內向面對自己的，良心不安則是外向面對別人的。人因為有羞恥之心，才會謙虛反省，自我約束，避免冒犯別人；而不安之感則會令人產生道德正義，願意出頭為人打抱不平，從而維持禮法於不墜。這些都是談斯文、文明及禮貌之關係時，所必須要思考的。

如今大家都感覺到，現在的人越來越有錢，但是用來助人的錢越來越少；不像以前的人雖然窮，卻還是想辦法拿出來幫助別人。現代人與人之間的關係愈來愈淡薄，每個人像是孤獨的旅客；不但自己不快樂，看別人做好事也不開心，甚至還想把自己的不快樂建立在別人的痛苦上。

回溯過去二十年，我們可以發現西方人也正面臨一個大時代的變遷，例如法國大革命以後，歐洲各國王公貴族世襲制度的沒落……這些變革不全然是環境的因素，更大的關鍵是人的思想轉變。有錢的人，拚命捐錢給學校，廣建基金會去幫助社會各階層的人改善生活；而沒錢的人，則想辦法進入好學校，以擺脫他原本的貧窮生活。

這些改變，毫無疑問地對整個社會的斯文、文明與禮貌的提升，確有不少助益，並關係到這個社會是向下沉淪，還是向上提升。

推己及人精神，彰顯人性高貴價值

英國的羅斯柴爾德（Rothschild）家族，即是一例。他們家族在英國傳承至今四百年，代代子孫都是銀行家、音樂家或教授。舉世聞名的蘇伊士運河是他們家開的；英國打敗拿破崙的經費是他們家出的。四百年來，他們的姓氏代表著一分榮耀，他們的子弟永遠是那麼地端正、做整個社會領導精英的工作。

聽起來似乎是有一點封閉；但是在封閉中，他們也不斷勉勵自己保有家族的光榮傳統。直到現在，我們讀到的國外任何一本書，只要提到羅斯柴爾德，就是代表他們家族；這就是一種「高貴性」（nobility），是再多金錢與權勢也換不來的社會地位。

我們研究人類社會的發展，一定要體會到文明的提升與向上，皆是來自於人性本身的自動自發，對社會產生良好的示範帶頭作用，並將影響力普及他人，讓大家生活變得更好。

因此，台灣的財富新貴或是政治人物，都應該勉勵自己向此高貴性看齊；即使或許最終不能達到，但至少可以保有「斯文」，塑造出公民社會最基本的價值觀，並以此鍛鍊自己，建立正當的是非觀念，對這社會保有熱誠、正義感和強烈的責任心，才能懂得與人為善，建立起真誠、善良和美好的和樂新世界。

（內容整理：謝蕙蒙）

人生的價值

吳京（前教育部長、中研院院士）

人生每一段時光都是很寶貴的，
只要你肯花時間及心力去經營，
走出第一步，就有第二步好事情，
好事會一直接著不斷。
最麻煩也最可惜的，就是一直坐在這裡不動，
把自己的人生通通耽誤了。

記得我在教育部推動教改的時候，有一次去澎湖演講，一位太太對我說：「吳部長，不管你講什麼，我還是要我的孩子讀台大！」我問她為什麼？她說：「因為我們國家只有一位總統和副總統，他們都來自台大。」

我聽了就問：「妳知不知道總統、副總統讀書的時候，台灣有幾所大學？」她說不知道，於是我告訴她：「只有一所，那就是台大！」如今，年輕的學子可選擇的學校已經增多，何必堅持非台大不可呢？

人生百味，每段時光都應把握

有人說：「人生就像一個萬米賽跑，要贏得比賽，就得跑在前面。」但我卻不這麼認為。因為，長跑選手參加比賽時，心裡所想的就是趕快把這段路跑完；可是在真實人生中，我們卻不會希望「趕快結束這一生」。因此，把人生比擬為賽跑有點不太合理。

所以我要提醒各位，人生每一階段的美好時光都需要用心地經營。做小孩時就該好好享受當小孩的樂趣，念大學時也要好好享受唸大學的樂趣，當教授的也應該要享受當教授的樂趣；即使是父母，也可以享受一下跟孩子一起成長的樂趣，不要為了升學就把什麼都犧牲掉了。

我常聽到家長對準備升學的孩子說：「現在辛苦一點，只要熬過這個階段就好了。」其實，人生哪有這麼痛苦，需要如此辛苦地「熬」過去？

人生任何一段時間都應該好好把握。但為了升學考試，很多家長都希望孩子一下子就跳過去，以為只要孩子考上好學校，一切犧牲都是值得的；卻忽略了這段時間，也是孩子成長中一個很重要的過程，應該要好好的珍惜。因此，回想我們為了升學犧牲掉的，何只是孩子的童年，更可能是他的潛力，甚至是其他方面的能力發展。

用心經營，愉快做好該做的事

談到人生的價值，一定要講到生涯規畫。以我自己來說，我的生涯並沒有規畫得很好。我最早本來想要當海軍的軍官，當時也以第一名成績考進軍官學校，可是家裡不允許；於是，就進了第二志願成大土木系，心想當個工程師也不錯，至少不用做研究的工作。沒想到，在美國念完書以後就是做研究工作，一做三十幾年，直到回台灣接成大校長一職，做沒多久又到教育部做事；教育部的工作做得還算不錯時，又回到了成功大學。

這樣的經歷，可能讓人覺得我這個人實在不會做生涯規畫。可是不要緊，因為我們每個人的人生際遇可能無法都作好預先規畫；要緊的是，在每一階段中，你是否已把該做的事情做好？

我在美國做了三十年研究，主持過兩個實驗，前一個實驗做了十年，後一個實驗做了二十年。有一天，普林斯頓工學院的院長帶著一位女教授到我的實驗室來參觀；他們前後待了三天，最後要回去時，那位女教授說：「我看過那麼多實驗室，卻不曾看過像你們這裡，每個研究生臉上都帶著笑容！」這也是我一向強調的：不管在什麼環境之下，每個人都要學會如何去經營；即使在枯燥的實驗室中，也能過得很愉快。

積極實踐，每分鐘都不該浪費

《天下》雜誌曾對大學的校長、院長做過一項調查，問他們最推崇的前任、現任的大學校長是誰；結果，前任大學校長入選的名單上有兩個人：一位是台大的傅斯年校長，另一個是我。

我回國以後接了兩份工作，一個是擔任教育部長，一個即是擔任成大校長。雖然時間都很短，但我想「事在人為」，絕對不要以為時間短就不能做事；只要方向對了，一件好事就會跟著另一件好事滾滾而來。

後來《天下》雜誌也對全國中小學老師做了一項調查：「過去十年，誰對台灣的教育最有影響？」調查的結果我本來沒有特別注意；後來去美國才聽說，外界一向認為，中、小學教師應該是比較保守的一群人，他們投票應該會投給師範體系的或是現任的官員，但結果我也得到了第一高票。

這兩件事情說明了我的「實踐」人生觀，對自己及對他人的影響。記得我準備回台灣接成大校長的職務時，曾問過很多美國的大學校長「如何做好校長？」沒想到他們告訴我，第一年先不要做任何事情，第二年開始挑幾件容易的去做。我想自己怎麼可以這麼浪費時間？所以，我要求自己從第一天就開始做事。

這種積極實踐的態度，每個人都要有。而人生最可貴的，就是「實踐」這兩個字。走出第一步，就有第二步好事情，好事會一直不斷；最麻煩也最可惜的，就是一直坐在這裡不動，把自己的人生通通耽誤了。

盡其在我，使責任能永續經營

我們不知道是否有來生；可是有一點我們要做到，就是在這一生走完的時候沒有遺憾，這就是「永續」的觀念。

曾經有人問我，什麼是一個好校長？我說：「做一個校長，不是前無古人後無來者，我吳京只有在一小段時間坐在這個位置上而已。」如果我把校長這個位置坐大了，就是一個好校長；做為教育部長也是一樣。

換句話說，如果前人做得轟轟烈烈，到我這裡就不見進展，那當然不是個好校長；但如果前面平平淡淡，到我這裡卻轟轟烈烈的，那我就是個好校長。所以，要緊的就是永續經營的觀念。想我們整個人生是延續的，我們人生的責任也是延續的，要交接下去的東西一定要好，才算是盡到這一生的責任。

因此，所謂「人生的價值」，就是要提醒我們：在自己人生的每一步中，多增加一些附加價值，並把它延續下去，讓後代的生活更美好。

校長角色，讓學生有家的感覺

在這段人生中，不管我們扮演什麼角色，都一定會有權利和義務的關係。以我自己來說，當我是教育部長時，我要接下前任部長所做的工作，並在適當時候交接給下一任部長；因此，我要把教育部的業務發展得多大多好，皆是國家給我的權力，也是我應盡的義務，否則便是白白浪費掉了。

剛回國時碰到聖誕節，我邀請成大所有員工和子女來校長宿舍，還穿上聖誕老公公的衣服，逗他們玩得很開心。第二天報紙登出一則新聞說：「吳校長把美國的習慣帶回來。」其實，美國沒有一個校長扮過聖誕老公公。為什麼我會做這樣的事？因為我發現自己回到成大，大家不只稱呼我為「成大的校長」，還稱呼我是成功大學的「大家長」；這種中國式的倫理，在國外是從來不曾見過的。

我心想，要扮演好一個大家長的角色，就是要把所有學生都當成自己的子女來看待。有一次，成大一個女同學被車子撞傷了，我去醫院看她，叫她好好休息，過兩天我再來探望她。出來的時候，一個醫生問她，是不是我的指導學生？我說：「不是，但成大所有的學生都是我的學生。」

兩天之後我又去看她。那天晚上，我收到一封她的同學來信。信上說，校長果然沒有食言，讓他感觸很深，半夜時不知為什麼，一直睡不著；後來想通了才發現，原來這是他人生中第一次有「家」的感覺。

那封信讓我覺得很感動，這就是我一直跟各位提到的人生價值，享受、經營都在這裡——只要你重視這段時光，就會有很多很好的享受；否則，人生就這樣子一溜煙不見了。

不知珍惜，考上大學也是枉然

常聽到很多父母說：「我的孩子不能輸在起跑點上。」造成孩子們也好像什麼事情都可以輸，只有起跑點這件事不能輸。太過重視結果，反而忽略了過程；以至於一心一意考上了一所學校之後，不管是台大、成大還是淡大，孩子的四年卻靜悄悄地過去了，很少用心去經營這四年時光；彷彿擠進了大學，比如何珍惜四年的大學教育還重要。這種心態令人扼腕。

這段求學期間，應是孩子們一生中最快樂、最無憂無慮的時光；可是，卻因聯考這個錯誤的價值觀而犧牲掉了。日後回想這段歲月時一片空白，不是十分可惜嗎？這是我回國以後感觸最為深刻的一件事。

教授作研究也是如此。在國外，教授也要寫提案去爭取研究經費，但他們的目的在想辦法把這個研究作出來。台灣卻剛好相反，有些教授在爭取計畫經費時渾身是勁；但一拿到研究經費後，所執行的研究成果卻不如預期。大家注重的是這個爭取的「結果」，而非「過程」，這是不對的。

教育規畫，不能只看眼前需要

在從事教育規畫之前，我們應該先問自己：現在的教育有沒有前瞻性？能夠對孩子們提供什麼未來瞻望呢？

在美國，我曾參加過四次大學教育的規畫。每次開會前，主持人總會提醒大家，先不要翻開桌上的厚厚一疊資料，而是先來談談「六年後的世界，會有怎樣的變化與發展？」

為什麼是「六年」呢？因為規畫者考慮到，一個大學生從進入大學到四年後畢業，再到工作上有所發揮、對社會作出貢獻時，恐怕還需要兩年的光景，前後加起來便是六年；換句話說，一個合理的大學教育規畫，需預先設想到六年後的社會變化，才合乎彼時的需要。這就是教育的前瞻性。

因此，我們今天針對中學生進行教改，不能只看眼前的需要，而需考量到這些學生將在十幾年後踏入的社會，才不會規畫出一些未來會「過時」的產品。但有些人連今天的情勢都沒有看清楚，僅憑著自己過去十幾年前的求學經驗，可能和孩子的未來需求相差了三十年，如何教他們掌握未來的事呢？

技職教育，將是未來社會主流

我剛到教育部時，行政院教改會建議廣設高中、大學。他們認為，因為大家都要念高中、大學，可是僧多粥少，才會產生升學壓力；所以，只要廣設高中、大學，就可以把升學窄門弄寬一點。

但我認為，家長是否已看清楚孩子們的未來發展，才是問題的癥結所在。假如家長本身沒有前瞻性的觀念，只憑自己過去求學經驗來看今天的教育問題，很可能會把孩子帶到錯誤的方向，一味認為要考上高中、大學，人生才會有「前途」。

高中、大學真的是求學必經之路嗎？我曾問過美國一位國家工程研究院的學者：「美國進入二十一世紀需要多少技職類的人才，需要多少普通教育的人才？」對方告訴我：「以比例來說，技職類的人力需求是二，普通教育的是一。」

一九八八年英代爾總裁來台灣訪問時，我也曾問他，這家全球最先進的科技公司所用人員學歷的分布情形。他說：「擁有普通教育的學士學位及學士以上者不到百分之三十，其他百分之七十來自技職教育體系。」

可見，「條條大路通羅馬」，外面的世界已經在變了，我們的國家正走向一個多元開放的社會，教育體制也要改變，不能局限在單一的升學方式。在多元的社會中，其實樣樣都好，技職體系的發展更是時勢所趨，台灣也不例外。

所以，在澎湖，我對那位一定要孩子上台大的媽媽說：「我敢保證，總統選舉再多辦幾次，未來一定會有來自私立學校、來自技職體系的人當上總統。」

愛心鼓勵，時間到了必需放手

其實，人生最美滿的一段時光，就是跟孩子在一起的時候；這時孩子需要你，你也樂在其中，走過了以後就不可能再回頭了。

但是，要扮好父母角色，有時並不需要知道太多的理論，只要能抱持著「跟孩子一起成長」的觀念就好了。因為，從理論上來說，最懂得做父母的人，不見得就是最好的父母親。為什麼？第一，如果他太懂得如何當父母的話，他必定很權威，處處要求孩子照他的話去做；第二，當父母太過權威時，會讓孩子覺得超越他幾乎是不可能的，孩子反而不會再進步。

由於我從事教育的工作，因此我的座右銘一直都是「青出於藍、更勝於藍」；而做了父母，最大的心願應該是「一代好過一代」。如果讓孩子覺得他再怎麼努力也不可能超過父母，他會好到哪裡去嗎？所以你要跟孩子一起成長，給他鼓勵，讓他超越你。

就像外國人常講的：「做父母親最要緊的就是站在他旁邊，用無限愛心、無限關懷，讓孩子自己成長。」就像教小孩子騎腳踏車一樣：開始的時候，父母可能在後面扶著他走，到最後一定要放手讓他自己騎；如果你一直扶著他，他便永遠也學不會。所以，最好的方式是，讓他覺得你在後面扶著，但事實上你只扶他騎一小段路；之後一定要放手，才能讓他真正地學會。

支持孩子，讓他走好自己的路

有一年教師節，我接受一家電台的訪問，主持人要我送給家長們一句話，我即興想到：「讓我們的孩子走他今天該走的路，即使這條路不見得是我們昨天走過的路！」因為，孩子跟我們是兩個不同的人生，走的也是不一樣的道路；但許多為人父母者卻常常希望孩子走他們走過的路，這種觀念是不對的。支持孩子，並不代表我們可以操縱他的未來。

不只是自己的角色扮演很重要，更重要的是如何讓大家都能找到自己的人生價值，懂得好好去經營每一段時光。人生每一段時光都是很寶貴的，只要你肯花時間及心力去經營，便會從中得到很多收穫；享受人生每一階段不同使命的達成，為家庭、社會負起責任，甚至對歷史有所交代。

每逢夜深人靜，我心裡所想的就是家人；不管我們在外面工作得到了多少成就，也都是身外之物，最可貴的莫過於和家人相處的時間。在此我想呼籲每位家長，不要錯過了這段時間，把握現在，好好陪孩子成長吧！

（內容整理：謝蕙蒙）

有信、有望、有愛的人生觀

阮大年（大學教授）

每當不如意時，我就想起一首詩：
「我不知道明天會如何？但我知道誰掌握了明天。」
我們都是命運的創造者和自己的主宰；
只要擁有好的人生觀，
讓人感受到你是一個有信、有望、有愛的人，
即使一時碰到起伏挫折，
也都能堅持正道，逐一克服。

有一次上課，距下課還有半小時，我出了一個題目考學生，告訴他們只要寫完就可以下課了，題目是「你為什麼要活下去？」奇怪的是，我才剛把題目寫在黑板上，一轉身就有一個學生交卷了。我很好奇他究竟寫什麼，怎麼會這麼快；拿來一看，他寫的是：「我活下去是為了吃午飯。」這個回答很有意思，也很難說它不對，但它並不是我想要的答案。

生命的價值，並非只為吃飯存在

中午我到餐廳用膳時，又碰到這個學生，正在慢條斯理地喝湯；我開玩笑問他，如果他活著的目的是為了吃午飯，現在吃飽了怎麼樣？要去自殺嗎？這學生反應很快，就回答我說：「老師，我還要活下去，因為我要吃晚飯。」我只好笑笑不再繼續追問。

當天晚上回到家，我竟然為了這個問題，輾轉反側地睡不著覺，就起床聽唱片。聽著聽著才覺悟到：其實，這個學生並沒有回答我的問題；因為我問的是「為什麼——WHY」，可是他的回答是「如何——HOW」。人要吃飯才能活下去，但吃飯只是維持生存的一種手段，並非活下去的「目的」。

就像你問我為什麼要放唱機，我不能說是為了看唱針在運轉；因為，我們藉唱針的運轉來聽其中的音樂，運轉只是為了聽音樂的過程，而非目的。所以，很多事不能只看表面，忽略了它其中的意義。就像人生有生、老、病、死，春、夏、秋、冬等循環，是我們所看得到的生命歷程，但它並不代表人生的全部；還有許多看不見的層次，如人生觀、生命的價值等，才是最重要的。

追尋人生觀，先問自己為何而活

人生多變，今日的我已非昨日的我，明日的我亦非今日的我。因為生命是流動的，時時刻刻都在改變；所謂的「我」所代表的意義，並不受「身體」這有形的臭皮囊所局限。

很多人終其一生都在追求自我肯定與生命的價值，在追尋過程中建立起自己的「人生觀」；這其實就超越了有形的生命，代表著一個不受時空限制、永恆的我。

什麼叫做人生觀？時下有些大學生抱著「來、來、來，來台大；去、去、去，去美國」以為那就是他的人生觀，但去了美國之後你還是會回來；就算留在美國，終有一天會離開，不管是回來或是上天國，都只是人生的過程，而非目的。就好像坐公車，你一定先看這班車將開往哪一站，能不能把你載到目的地；至於中間會經過哪些站都只是過站，並非最重要的。

如果每個人都有自己的人生觀，當然很好；如果你還在尋找，則不妨多聽聽別人的人生觀，或許有部分剛好與你的觀念契合。那種驚喜，就像數學大師阿基米德有一天洗澡時突然想通一個定理，大叫一聲「我找到了！」可能隨時就在你身邊出現。

人生觀就像一面鏡子、一個方向或一張地圖，供人隨時檢討自己的人生目標，跟原來的想法是否一致？若不是，則應如何修正，才不至於每天只會吃飯睡覺，而忘了在這中間的生、老、病、死以及其他許多看不見的人生過程。所以我認為，欲建立人生觀，第一最重要的就是要先問自己：「我為什麼而活」而不是「活著做什麼」。

無形的信仰，使人產生內心力量

什麼是健康的人生觀？我覺得最基本的是「信仰」。《聖經》說：「看得見的是暫時的，看不見的才是永遠的。」這個觀念很重要。現在很多人都只追求看得見的、可以度量的東西；像讀書是看不見的，可是分數、文憑是看得見的，所以我們拚命追求高分，用收入、學位、住的房子等一切看得見的物質條件來肯定自己，而忘了如何把持自己的心靈。

所以，我們人生要追求一些永久性的、不一定看得見的價值觀。像《聖經》

裡面所說的「信、望、愛」三元素，可以為我們帶來希望；而信仰中因為有希望，才會產生愛。

心理學家曾做過一個實驗：他們將猴子分成兩批，一批是正常長大的猴子，牠們與父母兄弟生活在一起；另一批則關在小房間裡，按時給牠們喝奶，給牠們溫暖的被子蓋。這些被孤立的猴子長大後，再放回猴子群中，卻顯得相當不合群，性格怪異、殘暴。

因此，心理學家發現這樣的定律：如果一個人小時候很孤單、缺乏母愛，長大後很容易變成一個不合群的人。很多人一看——糟糕！自己小時候就是孤兒、沒有母愛，難道就會變壞嗎？並不見得。

這個定律或許適用於猴子，但不適用於人。因為人是萬物之靈，碰到惡劣的環境仍可以自我調適、努力突破；而猴子雖然是靈長類，畢竟還是禽獸，無法像人類擁有身、心、靈。所以《聖經》上才會告訴你不要太重視看得見的物質慾望，它終會消失的；唯有看不見的、精神面、心靈面的，才能存續到永遠。

實現真善美，要從信心善念出發

信心是一條道路；而這條道路你要如何去走，則要有正確的方向，僅有一個「信仰」是不夠的。信心就是，只要你相信，你盼望的事就可以真正實現。一個活在有信心、有盼望的人生之中的人，他的所做所為自然會朝著善的方向行去，主動去愛人，對別人釋出真誠、善意與關懷，而不是光是在嘴巴上說愛。因此，信心的方向就是秉持善念，朝真、善、美的方向走，走到最後一定能成功。

有一部電影，描述新婚不久的一對夫婦，太太正因懷孕而高興慶祝時，先生卻被檢查出罹患肺癌，只剩四個月的生命，而他的孩子還要等六、七個月才會誕生；所以，這位父親可能連孩子的面都見不到。這讓他非常憤怒、沮喪和自艾自憐，夫妻關係也變得十分緊張。

後來，他去看一個中醫，嘗試吃草藥，但是對他的病情並沒有多大的幫助。可是，這位中醫師卻不斷告訴他要設法把恨意打消，快樂面對死亡，作好長期對抗病魔的心理建設。

然後，他有點想通了。他回想自己從小到大，跟父親的關係一直處不好；最後他離家時還把自己的名字改了，不要父親給他的姓。現在他想，反正自己快死了；就回去探望一下父母好了，可是，一回去看到父親，父子倆還是吵架，鬧得不歡而散。

他很後悔，明明是希望在死前找回失去的親情，卻落得如此結果。再想到未出世的孩子可能無法知道父親的長相，他突然開竅了，決定用攝錄影機拍下自己想對孩子說的話；假想孩子在成長過程中可能會遭遇到種種問題，在影帶中現身說法，把自己的經驗拍攝下來，希望能夠一路陪伴著孩子長大。

一生僅一次，但求無憾無悔走完

看完這部影片，我想到自己陪伴孩子的時間很少；一轉眼，孩子們都長大了，這讓我感到很內疚。這個人則用錄影帶來告訴孩子，為父者的人生觀、信仰與生命感受，以及將來孩子交了女朋友之後、如何與母親的關係保持良好……他在生命的最後幾個月裡，生活有目標、有盼望、有意義，知道將來他的孩子會看到爸爸跟他說的這些話。這樣過了四個月，他還活得好好的，甚至親眼看到自己的孩子誕生。

最後，他在臨死之前，還去坐了一趟摩天輪，克服了以前不敢坐的恐懼感。生命中已經沒有什麼事會令他害怕的了；這種自信並非自大，而是對生命的更加珍惜。電影的最後，這個男主角還是死了，但他讓人感受到的是人生充滿了信心、安寧和喜樂，充滿著盼望和真愛。

這種無憾無悔的態度，讓人動容。千萬不要說，這輩子過得不好，下輩子再來一次；或是壞事做盡，被槍斃後二十年又是一條好漢。要記得的是，「這一生，我們都只來一次」，沒有人可以取代你我；好、壞都是自己要負責，即使是雙胞胎也都是一人一命。每個人都是獨特的個體，這一生過完了不會再來。

正確人生觀，創造命運的主宰者

每當不如意時，我就想起一首詩：「我不知道明天會如何，但我知道誰掌握了明天。」我不保證你的未來一定平坦順遂或幸福快樂，但絕對不會是沒有意義的。我們都是命運的創造者和自己的主宰；只要擁有好的人生觀，讓人感受到你是一個有信、有望、有愛的人，即使一時碰到起伏挫折，也都能堅持正道，逐一克服。

祝福大家都能活到一百歲；在長遠的人生裡面，都能找到自己的人生觀。像是點唱機播放時，充分沉浸在每一段音樂中；而不是把唱片一圈一圈轉完，卻忘了裡面播放過的音樂。如此，你才能真正享受到每一段樂音的美妙！

（內容整理：謝蕙蒙）

工作上的自我成長

司徒達賢（政治大學企管系教授）

很多大老闆年輕時未必是班上成績最好的學生；
可是進入社會後，對工作卻十分認真努力，
把每一件事都做好，每天都有進步。
可見，只要你擁有「認真」的人格特質，
懂得觀察和提問，
必能享受到在工作中自我成長的樂趣。

離開校門進入職場後，有人一路晉升，甚至自己創業當了老闆；有人卻一直停留在原地，十年、二十年都沒有什麼進步。相信大家會發現，某些在事業上做得比較成功的人，當年在班上成績往往並非是最好的一個。在學校的學習，與社會上的奮鬥究竟有何異同呢？

回答這個問題之前，請你先回想，在學校中究竟學到了些什麼？在實際工作中能否運用呢？

思考架構，從學校到職場方法不同

其實，在學校裡，我們所學的是前人用生活智慧和經驗所累積出來的知識；它提供學習者一個清楚的思考架構，讓我們在吸收各種不同的資訊時，能夠有系統、有條理的將之組織起來，在腦海中加以分類、歸檔，而不是照單全收。

學校教育原不只是叫你念書、告訴你道理而已，而是要給予適當的啟發、訓練；例如，培養「建立架構」的能力，任何一件事情、一個問題，都有很多相關的因素，它是一個體系而不是獨立存在的。

當聽了一句話、一個道理後，就應將它放在自己架構裡的一個位置；架構愈豐富，規畫就愈清楚。而且還要會「圖像思考」：讀書或規畫一件事時，腦子裡能像放錄影帶一樣，看到那個場景；先在腦子裡預演，預演愈多，細節就愈考慮周詳。

此外，要懂得觀察及提問。這些「建立架構」、「圖像思考」、「邏輯驗證」、「觀察及提問」等是很重要的學習能力；在學校裡雖然沒有特別強調，可是在教育過程中就已經啟發這方面的能力了。所以，成功的人在工作中除因為有強烈的成長動機外，他還會運用這樣的「學習能力」來成長。

以讀書來說，學生時代很可能為了學位文憑或順利畢業而隨便應付一下；但是，到了職場上可就不一樣了。可以選擇性地吸收，不必從頭一個字一個字念到尾；當心裡有疑惑時，可找相關的書查閱，看看有什麼答案；還可以補充自己的想法，養成問自己問題的習慣，再從書中找答案。在工作上對任何事情、對人性充滿好奇，常常問問題、找答案，這是在工作中的自我學習和成長的方法之一。

用心認真，好學生特質較易受重用

成長是要學習的，甚至「成長」本身就是一種學習；但是，工作中的學習與在學校的學習完全不同。

在學校裡，許多人的「學習」就是讀書、抄筆記，然後在期末考中發揮出來；而在工作中，學習卻是有賴於觀察與實際操作。觀察是去看別人怎麼做、怎麼說，再檢討自己的做法，在執行過程中針對不完美的地方加以修正、補強。有的人在工作中成長得很快，有的人卻很慢。這種差異，顯然不是看書或聽演講就能夠改善的，而是在學習的過程中建立起面對問題和解決問題的心態，很重要的就是要有成長的動機，還有學習的能力。

如何在工作中得到成長呢？第一，就是「用心完成自己的分內工作」。聽起來似乎是老生常談，卻非常重要，並不是每一個人都能做得到。

小從一個任務交付給你時，你有沒有仔細想過該如何去完成？乃至於在整個規畫和執行過程中，應怎麼做才能盡善盡美？事後是否有檢討和改善？每天都做的相同工作，有沒有一次比一次做得更好？這些都應該捫心自問，自己夠不夠用心、有沒有用心。

在許多工作場合中，我們會聽到某人說：「這個學生不錯，好學校畢業的！」似乎「好學校」與「好學生」一定與能力成正比。其實，從職場就業單位的角度來看，所謂「好學生」確實擁有一些正面的人格特質，像認真、服從、守規矩等，對未來的工作有很大幫助。當老師說要考試，他一定乖乖的在家裡K書，不會跑出去玩；一本大書，別人讀了幾遍覺得差不多背下來了，他一定讀上二十遍，直到背得滾瓜爛熟才罷休。

熟能生巧，靠日積月累紮下基本功

用功讀書的「好學生」即使並非能力最好的；可是因為他聽話、認真，而深得老闆信賴，什麼事都叫他做，讓他得到比別人更多的機會磨練，在工作中的成長便比較快。

讀書必須對書本的觀念真正吸收內化，而不必記得書中的文字細節。這就像打乒乓球：平時一直練，練了十年後，肌肉、神經與姿勢反應已經合而為一；若問他記不記得某年某月某次打乒乓球時是怎麼打的？他當然不記得了，但在不斷地練習以後，訓練成一看到球飛過來，就會自動揮拍反擊。這是內化以及長期練習的效果。

所以，只要你擁有「認真」的人格特質，即使在學校並非是成績名列前茅的好學生，工作中也不會表現得太差。例如，我們看到有些乒乓球國手、籃球國手或某些知名的歌手，他們小時候可能都不太愛念書，可是在才藝方面卻十分用心努力，通過各種競爭激烈的考驗，終於出人頭地。

可見，不管功課好不好、是不是一般標準中所謂「好學校」出身的好學生也沒關係；只要你具有相同的人格特質，持之以恆地用心做好分內的工作，終有成功的一天。

如同我前面提到，很多大老闆年輕時未必是班上成績最好的學生；可是，他進入社會後，對工作卻十分認真努力，把每一件事都做好，每天都有進步。或許當年不愛讀書，但離開學校後，反而因為要解決工作上的問題而變得手不釋卷，甚至成為事業有成、知識廣博的企業家。

以行銷為例，學市場行銷的人，或許可從課本或學理中瞭解很多有關產品、市場和行銷之間的關係；但實際運用時，仍是要從自己的觀察中慢慢體會。

主動積極，可以擴大工作的參與面

此外，當你開始進入職場的時候，要看長官怎麼做、同事怎麼做；相同的問題，他們怎樣思考，而你又是怎麼思考。每個人考慮的角度不一樣，你能不能把這三種不同的意見整合起來，變成一個更完整的架構；下次碰到類似問題，換你做決策、發表意見時，會與別人的想法和作法有所不同。

不斷地去豐富及加強自己的觀念內涵，不斷地根據這個架構去看別人怎麼想、怎麼說、怎麼做；我們能從別人學到什麼？而我們自己會怎麼做？再檢驗做的結果是對還是不對。由此一次次修正，建立起自己的觀念與架構。

在工作中自我成長的第二個重點是：擴大工作的參與面。一直做業務的人，當做到業務負責人時，如果對生產不瞭解、對法律也不瞭解、對人更不瞭解，只專注在自己的專業領域中，沒有整體的觀念，便會讓別的單位覺得這個業務負責人好難溝通。

如果認定一輩子做小職員就算了；但是，如果希望有升遷機會、去負擔更多責任的話，就必須要有整體的觀念，要對其他的業務有所瞭解，甚至要從別單位的立場去思考問題。這就叫做「擴大工作的參與面」。

「擴大工作的參與面」，會讓你獲得一些互補的知識。比如你現在擔任業務人員，有心想把業務工作做好；慢慢地你會發現，業務工作要做得更好，必須對人事、對生產、對採購等相關部門的運作更加瞭解。當你把那些東西搞懂以後，再回來看自己的業務工作，瞭解會更加深入。雖然你不是做生產的工作，也不處理人事方面的事情，但因為有了這些互補的知識，你便能把手邊的工作做得更好。

互補的知識要怎麼獲得呢？你必須隨時向他人請教，瞭解公司有什麼樣的專案？什麼樣的活動？要學習多認識人、多參與、多投入、爭取學習的機會，你的互補知識便會比較多，手邊的工作就會做得比較好。

而更重要的，當在一個組織，甚至在一個產業、一個社會裡，想要步步高升的話，必須要結交更多的朋友、認識更多有才幹的人；而有才幹的人不一定只在你的辦公室，也許在別的部門、甚至別的同業中。

樂於分享，付出愈多自己愈有成長

很多年輕人初到公司時，動不動就說：「我們的科長好爛！笨死了！」等自己做科長時，就說「副總能力有問題！」這種心態最是要不得。

應該要去觀察別人的優點，多瞭解這件事情為什麼他人做得不夠完美？在同樣的情況下，換做是你會怎麼做？同樣的問題他怎麼處理？在這樣的過程中，多去觀察、比較、學習，漸漸就有心得與成長了；這跟讀書、聽演講的收穫是完全不一樣的。在工作中，我們隨時都可以獲致這樣的學習機會。

此外，平日多參與，主動去做很多事情，能夠讓更多的人看到你。有些事情可以主動做也可以不主動做；當選擇主動做的時候，雖然麻煩且增加工作負荷，卻能主動爭取到一些額外的機會，得到更多的挑戰及更多的學習成長；你的表現和努力，也愈能獲得周遭的人所肯定。

在工作中自我成長，還有一件更重要的事情是：不要吝於和人分享你的經驗和心得。很多時候，我們在指導別人時，自己也會豁然開朗；因為，必須把自己過去所學、所知的一切，作更有系統的整理，才能講給別人聽。因此，在與人互動的過程中，你會發覺自己並非只是完全付出；自己也在反芻、細嚼中，獲得更新的啟發。所以人家說「教學相長」，愈付出、就愈能感覺自己更充實、愈富有，就是這個道理。

換句話說，協助別人，就是幫助自己成長；因為，當你學會如何教人的時候，才是真正的「學會」，還可趁此機會檢討自己到底學到了什麼程度？學通了沒有？還有那些不足的地方？

有人說，「人生就像永續的研究發展」。人生有太多的問題，永遠也學不完、讀不完、請教不完、觀察不完；如果把人生數十年寒暑，當做一個永續的研究發展，平日不斷地研究、改進、吸收、豐富，這也是一種成長，不是嗎？

（內容整理：謝蕙蒙）

活出生命意義

李家同（靜宜、清華、暨南大學榮譽教授）

我始終覺得，人生最大的快樂是看到別人快樂；
在自己過得還不錯時，盡力去幫助貧苦的人，
讓他們活得有尊嚴；
如此一來，自己的人生也會變得更有意義。
因為，這個社會永遠需要人與人之間的愛與關懷；
過去如此，現在如此，將來也是如此！

我在清華大學當學務長時，常在學生刊物上看到「淡淡的哀愁」、「紫色的憂鬱」等字眼，不知道是什麼意思，只當是「少年不識愁滋味，為賦新辭強說愁」；後來才知道，因清大的校舍是紫色的，所以學生們喜歡用紫色當形容詞，並沒有什麼特殊意義。

這就好像九二一以後，我常被人邀去演講，大談生命教育；可是，你問我到底什麼是「生命的意義」，我也答不上來。我想，世上沒有任何人能夠回答它，這必須靠自己去體會。

假如我們去問一個失業父親或是一個繳不出營養午餐費的小孩，什麼叫做「生命的意義」；對這父親來說，就是要賺錢養家，給小孩交健保費、營養午餐費；而對小孩來說，「全班都交了營養午餐費，只有他交不出來」，這種困境就是他要面對的「如何活出生命意義」。

所以，我們從事教育工作的人，絕不能夠關起門來，用一番冠冕堂皇的話對孩子們說生命有多大的意義，而不理會現實中每個人都有自己要面對的困境。因此，何謂「生命的意義」，豈是三言兩語所能道盡；你必須自己慢慢去體悟、去思考，生命中是否有哪件事對你來說是最重要的、最有意義的，這才是你自己的答案！

賣火柴女孩，故事至今仍一再上演

安徒生童話裡有一則膾炙人口的故事「賣火柴的小女孩」。故事中，小女孩在大雪紛飛的聖誕夜抱著火柴叫賣，最後瑟縮在一幢大房子外面發抖；小女孩倒在雪地上快死了，而房裡的景象卻是一家人和樂融融吃著聖誕大餐。

很多人覺得現在不可能會發生這種情形；美國的老師講這段童話給小朋友聽時，也會強調這是很久很久以前發生的故事，並非現實——現在哪裡有窮人呀！

可是，話也不要說得太滿。就在近幾年，我們還常在報章上看到「萬名飢童排隊領食物」的畫面；照片中，每個孩子疲憊的臉上都流著眼淚等著外界救濟。這就是現代版的「賣火柴女孩」的故事。

有人在網路上大力傳送這張照片，可是卻沒有在社會上引起波瀾，大家都好像沒看到這張照片；這才是我們最該關心的一件事。

如果你對生命還有點感覺，看到這張照片一定會感到良心不安。想到這世界上還有多少「賣火柴的小女孩」等著我們去幫助她，不能假裝沒有這回事，繼續在課堂上粉飾太平；這就好像對著交不出營養午餐費的小孩講「如何活出自己的生命價值」一般，是毫無意義的。

心靈的鐵幕，讓人看不見貧窮世界

人之所以和其他動物不同，就是我們創造了幾千年來所謂的偉大文明；可是，有多少人能夠享受得到這種文明呢？一九六四年時，全世界有百分之二十有錢人，一年總收入占全人類的百分之六十六；最窮的人僅有百分之二點二，有錢人和窮人的收入是三十比一。

當時聯合國曾警告說：「這是非常嚴重的問題，也是全人類的羞恥！」到了一九九四年，聯合國已經沒有什麼好評論了；因為，最有錢的人年收入占了百分之八十三，最窮的降到百分之一點四，二者相差了六十倍；也就是說，最有錢的人收入與最窮的人收入是六十比一。

一九九九年最後一天，為了迎接公元二千年的來臨、全世界都在放煙火的時候，你有沒有注意到，這世界仍有一塊地方從來沒有看過任何煙火，這就是非洲地區。是的，從紐約、巴黎、倫敦到東京、北京、莫斯科，舉世一片燈火通明的歡騰時刻，非洲大陸仍然是黑暗的；她幾千年來一直是黑暗的！

還記得二次大戰時，英國首相邱吉爾曾經說過：「The iron curtain has fallen.」意思是說，人類建造了一座鐵幕，鐵幕內外隔絕的是自由、民主與專制、獨裁。

而現在，我們也在自己的心靈中放下了一座鐵幕，把有錢人與貧窮的人截然分開，使我們看不到還有很多人類應該去關心的事情，比如說溫室效應的問題、軍備競爭的問題、甚至數以百萬計的人類仍在挨餓受凍的問題。

你或許不知道這個社會的貧富差異有多大，但也不能生活在自己構築的鐵幕當中，只顧自己活的好，完全不管周遭的世界，不關心別人是怎樣艱辛地活著。

曾有一個學生告訴我，他父親生了病，全家人就靠母親每個月三千元的收入過日子；還好政府有補助三千元，所以他們就靠這六千元來維持一家人的生計和父親的醫藥費。

這就像對於賣火柴的小女孩來說，那些火柴就是她全部的生命；這種日子是所謂的「有錢人」所難以想像的，但它就是事實。世界上越來越多人過著貧困的生活；即使他們不是我們所認識的人，甚至不是台灣人，像那張「百萬飢童等待救援」的照片，只要是人看了都於心不忍，不能繼續坐視。

貧窮體驗營，不是一般人所能忍受

聯合國有一個貧窮體驗營，教人以一塊美金過一天，親身體驗貧窮的滋味。一天一塊美金怎麼活得下去呢？各位如果想要體驗生命意義的話，不妨也來嘗試一下。在澳洲，一位傑出的運動員就曾經親身體驗過了。

這位年輕人無意中發現一家世界知名的運動鞋大廠在印尼設廠時，給當地雇員的報酬很低，一天只有一塊美金（合台幣三十多元）。他為了體驗生命的意義，就自告奮勇去此公司的印尼廠工作；該公司無法拒絕他，只好讓他做。

他整整做了半年，體重一直往下降，到後來瘦成一副皮包骨，只剩下四十幾公斤，當然也不能夠再參加任何運動比賽了，他的體驗，後來被拍成一部紀錄片，十分發人深省。

廠商辯稱，他們給的報酬在當地已經算是好的了，因為在印尼，很多公司只付五毛美金；也就是說，十幾塊錢新台幣過一天。你可不要太吃驚，世界上很多地方都是這樣子的，貧窮、飢餓，形影不離地伴隨左右。

貧富差距大，將人類隔成兩個世界

曾經有一則新聞報導過，在大陸有一所小學的操場上竟然設有一個炮竹工廠，全校師生除了上課，還要進入工廠幫忙裝填火藥製造炮竹；因為這所小學太窮了，校方必須靠經營炮竹工廠來維生。結果不幸工廠發生爆炸，造成很多小學生傷亡。

後來有記者去調查，那所小學老師平均一個月薪水是十二塊美金，相當於三百多元台幣。小學老師的薪水在當地雖然不是頂好的，但也是在平均值以上；換言之，還有一些人的收入遠比小學老師還低，一個月所得還不到三百元台幣。窮到這等程度，在中國大陸比比皆是。

在中國大陸，年收入要低於官方所謂的「溫飽線」，才算是真正的貧戶。據調查，大陸官方所設定的溫飽線是一年七十塊美金，即一個月平均六塊美金，低於此標準的在中國大陸才算是「不得溫飽」。而你只要走一趟印度或非洲，就會看到到處都是比中國大陸還要貧窮的人，生活更加困苦、更加悲慘。

這使人越發覺得，這個世界已被貧富分成了兩半。少數有錢人的生活非常好，像美國加州的建商要推出一幢新房子，一定要附帶一個大車庫——大到可容納三部車子，房子才容易脫手。因為，夫妻習慣各開一部車，等小孩長大了也要再買一台新車，因此家庭車庫愈蓋愈大。

正當全世界的人都在擔心石油快用完了，車子太多會造成二氧化碳、空氣汙染和所謂的溫室效應時，有錢的美國人卻不在乎這一點，滿街都是十分耗油的大車子。

生命無尊嚴，路倒垂死也無人在意

究竟什麼是「生命的意義」？我只能說：「一個人如果非常地窮，生命對他來說其實是沒有意義的。」我曾到過印度的「垂死之家」，這裡專門收容路倒的乞丐；其中有一個年輕人大約才十七歲，曾經進出「垂死之家」四次，三次被人救活，僥倖活著出去。到了第四次時，他卻不肯走了。

他拒絕吃喝，也不再做任何事情，只接受人家握住他的手安慰他。為什麼呢？因為他知道，自己這次就算活著出去，也是一個身無分文的乞丐；假如他活得夠久，這一生也是在貧困潦倒中度過。這種人生毫無價值，生命對他也毫無意義可言。

在印度的加爾各答，到處都是這種自知活著沒有價值的窮人，政府也不重視他們的生命，任由窮人自生自滅。我在「垂死之家」就看到，一個路倒的人死了，馬上被人送去火化。

在這過程中沒有人會問：「這個人是怎麼死的？」更不要說開立什麼死亡證明。人命如草芥一般輕賤，毫無尊嚴可言；沒有人在意是誰死了，就像處理垃圾一般，只想快快丟掉，讓人看了感到非常難過。

用愛迎接生命，用關懷創造人生價值

我始終覺得，自己最大的快樂是看到別人快樂，而不是自己在事業上有什麼成就。人如果要比事業上的成就，每個人幾乎都是失敗者。因為，你再有錢，也比不上世界上最有錢的人；再有權力，也比不上世界上最有權力的人。所以，一個人若只在乎自己的成就，最後一定是一場空，永遠是沒有意義的。

我們看一個小嬰兒哇哇墜地時，迎接的人都很高興，只有他一個人在哭；而一個對人間有貢獻的人離世時，周旁的人都在哭，只有他一個人含著笑。可見，生命的到來，是要帶給他人歡笑及貢獻，才會產生所謂的意義。

如果我們要使自己感覺到生命有意義，不妨這麼想：「這個社會永遠最需要人與人之間的愛與關懷；過去如此，現在如此，將來也是如此！」想清楚什麼事對自己最重要，並盡力去做好它，讓自己心中無怨無憾、平靜快樂，就能「活出生命意義」來了。

德蕾莎修女有一句名言說：「我不需要看電視，我知道世界的真相。」

這個世界的真相是什麼，實在是只有少數人願意真正面對它。像我們小時候，老師會教我們背四維八德；「四維」就是禮、義、廉、恥，「八德」是忠孝、仁愛、信義、和平。天主教的教義中也有七個美德及、七個罪，所有做人處世的道理都蘊藏在其中。

其中最大的美德就是民胞物與、相親相愛，教人記住這世界上還有很多比我不幸的人；只要心懷一絲悲天憫人的想法，就應該設法幫助他。沒有比這樣活著更有意義、更能活出生命光采的了！

因此，我們應該在自己過得還不錯時，盡力去幫助比自己貧苦的人，讓他們活得有尊嚴，感到生命是有價值的；這樣一來，自己的人生也會變得有意義起來。同時，我們也要把這個訊息和觀念傳達給下一代，努力使別人的生命有意義，我們的生命才會有意義；看到別人過得有尊嚴，自己也會得到平安和喜樂。

（內容整理：謝蕙蒙）

謝謝——我最想說的一句話

張曉風（作家、陽明大學退休教授）

別再抱怨；我們能夠活著，
就是一件很值得感謝的事！
每天醒來，又是新的一天，
不管昨天多麼累、多麼氣，
今天又是一個新的開始！
我們擁有很多東西，可能自己並不自覺，
像健康、知識、溝通、分享、親情、友誼、
大自然的山水……等等，都是值得感謝的。

記得小時候帶便當上學，每到午餐前，老師會要求大家一起說：「農夫種稻真辛苦！我們吃飯，謝謝農夫！」反觀現在的孩子，沒見過插秧、播種、除草、收割、打穀、晒稻、去殼、洗米、撿沙等所有過程；不知種稻有多辛苦，吃飯時也就沒有一點感謝之心。

或許是因為他們的生活與這些資訊是隔離的，所接觸到的並非第一手的資料；所以，當自己享受新衣、新鞋和好吃的食物時，好像每件東西都是現成的，只要銀貨兩訖便可獲得。他們看不到父母的辛苦；對人、對事非但沒有一顆感謝的心，反而出現了一種不同的情緒——抱怨。

抱怨的結果，會使你覺得四周都是敵人。第一個要抱怨的可能是老天爺，第二個要抱怨的是周圍的人，不管是老師、鄰居還是親友。有時抱怨慣了，還會抱怨自己真倒楣、真命苦……如此一來，你的人生就會完全被怨恨的陰霾所籠罩。

倘若人生是可以選擇的，你要選擇感謝的人生還是充滿怨恨的人生呢？

心存感謝，最能表現人性光輝

經過九二一大地震的災難，也許可以幫助我們想一想，思考自己對生命該抱持怎麼樣的態度。

在電視上看到，災變中有人從瓦礫堆中被救出來時，很多人都高興得鼓掌大叫：「是活的！」我心想，我也是活的，而且活得很好。如果這些人受了那麼多苦而能活下來，是件值得感謝上天的恩典；那麼，我的僥倖逃過這一劫，不是比別人幸運一千倍、一萬倍，更要值得珍惜感謝的嗎？

假設以金錢來衡量，我想，再多的錢也沒有人願意嘗試被活埋在瓦礫中；換句話說：平安就勝過幾百萬元了！因為，「活著」本身就是值得慶賀的事情。

回想九二一災變，有兩個人的故事讓我特別感動。其中一位是孫家兄弟的母親孫媽媽，她由衷感謝救援人員不眠不休、小心翼翼地挖掘，努力救出了她的孩子，除了感謝還是感謝。

另一位是住在高雄的老太太；她盡其所能，捐出了一百萬元支票。她說：「因為以前年輕時經歷過災變，也曾受人幫助，現在應該要幫助他人。」簡單的話，不帶半個「謝」字，卻能讓人強烈感受到她心中的感恩與謝意。她的方式跟我今天所強調的感謝不同，若要合乎今天的題目，她應該說：「因為我非常感謝當年幫助我的人，所以現在我要把感謝具體地表現出來，把它變成一百萬的捐款，捐給需要的人。」

她雖沒有這樣講，但她沒有說的部分，我們都能明白。有一句話是這樣說的：捐獻不看你捐多少，而是看你留了多少。這位老婦人捐得也許比一億更多吧！

珍惜擁有，也要感謝未曾擁有

也許有些人認為自己並沒有擁有什麼，事實上我們還是擁有很多，像健康、知識、溝通、分享、親情、友誼、大自然的山水……等等；這種種的擁有，其實都是值得感謝的。

我自己就非常感謝一種擁有，就是能夠讀莎士比亞或陶淵明的書，和古人聊天、咀嚼自己心裡想說而沒有說出口的話；我驚訝於一、二千年前就有人能如此洞悉心靈，古今可以相通，讓人驚歎上帝造人的神奇。

假如你把朋友擴充到古人，把你的閱讀範圍擴充到古書，你會發現，只要花兩、三百元買書，便可蒐羅到古今中外人的智慧，輕易閱讀到他們費盡心思、嘔心瀝血的作品；能擁有這些可貴的寶藏，是自己的幸運。

其實，我們不但要感謝自己所擁有的東西，也要感謝自己沒有擁有某些東西。比方說，我沒有擁有財富，我從小到大都不是真正的有錢人，但我覺得這也是一種上天的祝福；因為，沒有財富，你和群眾是站在一起的，和大家用類似的方式在消費，你會覺得自己和群眾之間有一種親和感。因此，未擁有財富、美貌，或者人間奇特的幸運，不也很好嗎？

倘若生命這麼美好，有這麼多值得感謝的事，我們是不是該把這句感謝的話說出來，並表達自身的具體感謝讓別人知道？例如，我們生活在台灣，愛台灣的方法即是減少垃圾的製造，這是愛台灣的具體表現之一，也是對這塊土地表達自己感謝情懷的一種作法；而每個人都可以找到愛護土地、愛護環境的各種方法。

以今天的台北市而言，如果多規畫幾條腳踏車專用道路，讓人們騎單車更方便，相信亦會減少許多汽機車排放廢氣的汙染了；而我自己，也儘量在某些時候騎腳踏車。抱著感恩、珍惜周圍環境的心，我們一起來努力改善這塊土地的環境吧！

遭遇不平，抱怨氣憤無濟於事

我家附近巷子有一戶人家，不歡迎鄰居在他家門口停車；那屋子主人的理由是，小偷會藉由車頂翻過圍牆爬進他們家。所以，只要有誰敢在那兒停車，愛車必定會遭到破壞。

有一天，我們開車回家，在巷子裡為了要讓另一部車過去，就在這位屋主家門口暫停一下；沒想到，我先生剛下車，正好遇著他出來罵人。我先生說：「這裡本來就可以停車，為什麼別人家不怕小偷，你家就特別怕呢？」他回一句：「你們外省人都不講理！」我先生很生氣：「這和外省人有什麼關係呢？難道車也有本省、外省之分嗎？」我勸先生不要跟他吵架，因為吵架解決不了問題。

那位屋主觀念不正確，不和他吵並不是認為他說的話有道理；而是我認為，讓他罵一句不算太嚴重，抱怨卻只會影響心情，解決不了問題的。

所以，我們不要用抱怨的態度來面對問題。無論碰到任何事，即使它令人感到生氣、憤怒，也不要抱怨，而是要設法面對、尋找解決之道。一件事假使經過你的努力，把事情解決了，也等於是替社會除掉一件禍害；反之，假如你很努力，卻還是解決不了事情，至少在未來這件事的成功上，你已盡了十分之一或二十分之一的力量，同時並保有心靈的正直和純潔。

不要抱怨，我們的心情保留來做什麼呢？保留來說一聲感謝吧！可能有人會問：感謝什麼呢？我們能夠活著的這件事情本身就很值得感謝呀！每天醒來，又是一天，又可以打拚；昨天不管怎麼累，今天又是新的一天，有很多值得聽、看、獲取知識的機會，今天是多麼美好的日子啊！

活著真好，感謝人生路上相逢

當我們愛一個對象、當我們要感恩時，有兩件事是可以做的，一個是說出來，一個是做出來。我今天最想說的一句話，就是要對我周遭的環境、對人、對上天、對大地，說一聲「謝謝！」

我覺得，在台灣我們什麼都不缺，但常缺乏一個共同的回憶。雖然有人要把舊有的東西毀滅，我們無法控制；可是，至少在自己的心中，要謝天、謝人、謝物，對萬物要有情感。不管我生命裡會遭遇到多少困厄、憤怒，我還要對自己的生命說：我能夠活著真好，我要謝謝這一切的機會！

當然，擁有一些東西是很愉快的；但未擁有什麼，有時也是很好的祝福，亦值得感謝。試想，我們會生在這世界上，是一個非常偶然的機會：若父母不結婚便不會生下你；若父親娶的是別的女人，生下的也不會是你……

基本上，我們每個人的出生，都是非常特殊的機緣。我們可以擁有生命，在人世間旅行，在旅行的過程裡應該跟同伴互相說聲：「謝謝！」而且，也要跟生命的本身及上蒼說聲：「謝謝！」

「謝謝！」是我最想說的一句話。

（內容整理：謝蕙蒙）

親密與孤獨之間的擺盪

——談愛與自由

梁翠梅（諮商心理師、弘光科大助理教授）

愛與自由，看似兩個極端的矛盾，
其實卻是彼此相通的。
一如人本心理學大師羅傑斯（Carl Rogers）所說：
「人就像一顆橡樹籽；只要給他充分的陽光、雨露、
空氣以及肥沃的土壤，他就可以茁壯成一棵大樹。」
在這愛裡面沒有勉強、要求與期待，
不會讓人產生罪惡感。所以，愛他就讓他自由吧！

愛，究竟是讓人與人之間更親密，還是更孤獨？羅大佑有首歌唱到「愛到深處人孤獨」。好像有時候，愛不是佔有，而是放手。當我們說「我愛你」的時候，真正的意思是「我需要你」，還是「我愛你」？是在滿足自己？還是在成全他人？

我以為，愛人就是要讓所愛的人自由；愛孩子，就是要讓孩子自由。愛與自由，看似兩個極端的矛盾，但於自在（Being）裡，可以共在（Being into Oneness）。事實上，也只有自在，才能共在。意思是說，我們自己要先全然地活在當下，才可能在當下裡與他人合一。朋友如此，親子亦然。

真正的愛具有無限包容性

雖然人與人之間，表面上像一座座孤井，但井底深處的水流卻是相通的。像你我，表面上各自擁有獨立的身體，好像各不相屬；但事實上，在終極的心靈層面上，我們實在是相通的，我們都是生命共同體的一部分；就像大海裡的浪花，不管是大浪、小浪、前浪、後浪，都是海浪，都是海水的一部分。孩子和我們的關係也是一樣，我們都屬於同一個母海，都是大自然的一部分。

人本主義諮商大師羅傑斯（Carl Rogers）對人性滿懷信心。他說：「人就像一顆橡樹籽；只要給予他充分的陽光、雨露、空氣與土壤，他就可以茁壯成一棵大樹。」

他所說的環境條件無非開放接納的關係、一種不干預、無條件的愛。而我們常常忘記，人其實是大自然的一部分。

大自然本身自有其平衡、和諧、調節與流動的內在導引，就像小狗餓了會吃飯、累了會休息、生病了會自己去找草藥、無聊的時候會在草地上玩耍。人也是一樣；只要人能充分接觸自我、悅納自我，基於內在導引、隨順地走在腳前出現的路；那麼，不管外在世界如何變化，內在都有恆定的平安與喜樂。

不必擔心孩子遇到挫敗與災難，我們不都是經歷種種磨難、失敗和挫折長大的嗎？是否你已察覺到，生命其實並沒有真正可怕的事；即使當時我們所遭遇到的事是那麼令人痛不欲生，可是事過境遷之後，卻總能發現，所有災難的背後都有一個禮物。

所有災難後面都有一個禮物

你的今天會比昨天好；能有這麼大的能力、智慧與愛，其實都是因有昨日的辛酸和眼淚。通常，人處在順境時能學到喜悅與感恩，但真正令我們生命躍昇進化的，卻是困境的磨礪。

我本身就從幼年的境遇裡得到深刻的激勵。六歲時，我的母親因脊椎遭受重創、半身不遂、大小便失禁，整個家庭陷入極大的傷痛。

母親出事那年，正值葛樂禮颱風來襲，我們全部的家當都被洪水淹沒；拉三輪車的父親只好一捲草蓆、一床棉被，帶著我們搬到彰化討生活。母親雖然重度殘障，且與父親離婚，但是仍搏命般、極盡省喫儉用之能事，資助我們求學。父親雖然收入微薄，但他用來養育我們的卻是無價的——無條件的愛。

更可貴的是我那可敬、無私的三伯，雖然清寒，卻無怨無悔地用他的一生護育我們、鼓勵我們，恩同再造。表面上我的家好像是個破碎的家，但是因著這些點點滴滴的愛，所有的苦楚都是甘甜。

回想起來，早期的人生經驗和磨練，成就了我今天做為一個諮商心理師的必要裝備。感謝那顛沛流離的成長歲月，讓我體認到人生的道理；童年的困境不但沒有挫敗我的手足，反而讓我們五個孩子更柔韌、更惜福、更感恩。

「早期經驗」最終還原為生命根處「信望愛」的源頭；我真切體悟到：事事都在相互效力，沒有過不去的事。另一方面，我也領悟到無常是常，每件事都會過去；大事過去變小事，小事過去變沒事；天下本無事，生命值得時時歡慶。

一體總是多面，全像觀是必須的視野。狀似災難的事件，裡面其實飽藏著禮物；當時間拉長、眼界拉高，就會瞭解全開藍圖裡的意義。在這全圖裡，我們洞視所有事件的前因後果來龍去脈，會有一個了然的微笑在心底發生。

那是一種對生命的肯定，也是對自性的回應。也許「回首向來蕭瑟處，也無風雨也無晴」，也許「山窮水複疑無路，柳暗花明又一村」，又也許「行到水窮處，坐看雲起時」。種子裡藏著果實，果實裡含著種子。

假使我們願意讓整張畫完整地呈現出來，將發現生命中每件事情都有它的意義，都在為最好作準備，所有的苦難也確實把我們推向更好、更豐富、更有能力的結果上去。

遺憾的是，有人始終未曾將地圖全幅展開，以致於每次都陷在小小的瑣事中自囚自苦，枉費時間自怨自艾，而無法領會這些磨難在整個生命中的意義、以及它的不二與無常。

透過慈悲獲得真愛與自由

「愛」與「自由」，表面上好像是衝突且彼此矛盾的，事實上卻不然；它可以並存於慈悲的品質中。慈悲是由四個字組成的——「玆、心、非、心」。意思就是，既用了這個心，又不執著於這個心。

心理學家馬斯洛（Maslow）在研究傑出人物的存在經驗時，發現他們共同擁有「高峰經驗」；它指的是一個人突然經驗到生命的本來面目，看到生命另一種狀態的延展——無限的開闊與磅礴。一時間，物我兩相忘，所有主客體的邊界消失，時間感消失，萬物合為一體，進而體驗到最深沈的「愛」、無條件的愛，也就是我們要說的慈悲。慈悲便是一種無條件的、允許自由的大愛。

每個人都有無數次經歷高峰經驗的可能，只是常常被粗糙的心所忽略。高峰經驗經常會出現在一個人靜心或孤獨的旅途中；若保持覺知，它也可以就在日用生活間。只要是放鬆又有覺知地、專注於某一事物上時，它都可能發生。

例如，洗完澡後，泡一杯熱茶，走到書桌前，你專注而有覺知地品味這杯熱茶；在茶湯入口時，「我」不見了，化作茶香、茶的滋味、茶的溫度、溫度裡的振動。那就是了，即使只是剎那間的「忘我」，也都夠了。一個人只要曾經認出生命的真相，活水源頭便已開啟，慈悲自然會成為他生命的態度；對朋友如此，對子女亦然。

愛他，就要讓他自由。愛動物就讓動物自由，愛小孩就讓小孩自由，愛配偶就讓配偶自由，愛自己就讓自己自由；不允許自由的愛，不是真愛。

我想起有一回，先生小心翼翼對我說，他晚上有事不能回家吃晚飯；那一陣子，他經常在外應酬，已好幾天沒有在家吃飯了。若是從前，我總會很冷淡地回答他：「你要去就去呀！」有點不高興又不太情願。

但那天，我想通了這個道理，很誠懇地告訴他：「只要是你覺得高興的事，我都會祝福你去做。」獄卒在看守犯人時，不只是犯人失去自由，獄卒自己也失去自由；所以，若希望對方快樂，應該放手讓他去做他自己喜歡的事。

後來先生另有所愛，我也瀟灑地結束婚姻，還原彼此的自由；並以慈悲的態度，學習做朋友。朋友是所有關係裡最真實的；沒有義務，沒有約束，可以活出慈悲。親子亦然；親子關係若能成為朋友關係，是最好的狀態。在朋友關係裡，尊重和禮敬，比較容易滋長出來。

大多數爸媽可能會擔心，如果都讓孩子去做自己喜歡的事還得了，天下豈不是大亂了？所以，我們要幫助孩子小心區分「喜歡」和「癮」的不一樣。

因為喜歡，生命才會有意義

當我們在做「喜歡」的事情時，將覺知到自己的生命力、會覺得生命在發光、發熱，會更喜歡這世界、更愛自己。覺得生命是有意義的，便能散發更多的能量，這是必然的；因為，「內在導向的喜歡的事」是一種天命的完成。

但是「癮」不一樣。不管你做了多多、多久，做完以後都有一種空虛空洞的感覺；你會更不喜歡自己、也會更討厭這世界，並會有一種失控的、陷落的、無法自拔的恐怖感。

就像一天喝上五杯咖啡、每天坐在電腦前超過十個小時、一個計畫接一個計畫、一個妄想接一個妄想，經過之後總不滿足，甚至更空虛更厭惡、同時又更陷落，這就是「上癮」的狀態。差別就在，「喜歡」完全是自發的，而「癮」則是失去控制、身不由己的強迫狀態。

現在，很多孩子喜歡打電動，有網路上癮行為；只要一關機，馬上「癱」在沙發上說：「真無聊、覺得生命很沒有意義、很無趣。」因為他並沒有在做自己「喜歡」的事。在高壓高操控的教育體制下，他可能從來沒有機會知道自己真正喜歡的是什麼。

那麼，如何幫助他們認識自己、瞭解自己究竟「喜歡」什麼、並鼓勵孩子做自己呢？首要之務，就是尊重，允許自由，無條件的愛，不要再用「應該」、「必須」、「不得不」、「一定要」來箝制孩子。

當生活開始出現：「我應該、我必須、我一定要、我不得不……」等語句時，人不可能體驗到快樂與自主性。所以，你也許不喜歡讀書，而喜歡種田、種花或畫畫；當你做自己喜歡做的事情時，你不需要別人的催促，因而可以自發持久、持之以恆，成就自在其中。所以，「做喜歡的事」比較會成功。

我們要鼓勵孩子、也要鼓勵自己做喜歡做的事，這是真正不辜負天才，也是天命的完成。歡慶每一朵紅花開紅的顏色、白花開白的顏色，每一株樹按照它自己的姿態成長。

每個生命都有他自己的出口

我在大學念的是夜間部，書念得很爛，因為還不「喜歡」念書；當時家計也很困難，讓我覺得打工、生計更重要。因此，我到了三十歲，發覺自己想要多念點書時，才開始努力；此後用了十年時間把博士完成。雖然走的路比別人曲折，但是真正適合我的路，是我自發自願選擇與成就的路。

每個生命都有他自己的出口；假如我們可以這樣自由地走出一條路來，我們的孩子當然也可以。相信生命的本質，關心他、放心他、不要擔心他；跌倒了，下次他就知道要如何跳過去或繞過去！他雖然這次失敗了，但其實是在為下一次的成功做準備，我們又有什麼好擔心的呢？所有的失敗都在回饋下一次的成功。

我們真正要教給孩子的不是避免意外，而是面對意外的態度；況且，生命的學習不是只有壽命那麼短，它也許需要好幾世的學習。不要急，欲速則不達。

印度的奧修曾說，愛就像一朵花，時候到了，花才會開；花自開、花自在、花自芬芳、芬芳自流散。它不會勉強蜜蜂蝴蝶一定要來採花粉、吸花蜜；如果蜜蜂吸了花蜜要離開，它不會讓蜜蜂覺得愧疚；如果蝴蝶採了花粉要飛走，它不會讓蝴蝶有罪惡感；它只是花自在、花自開、花自芬芳；時候到了，花自謝，化做春泥更護花。

美國心理大師薩提爾（Virginia Satir）也說，真正的愛是：我愛你，但我不會操控你；我邀請你，但我不會要求你；我參與你，但我不會侵犯你；我回應你，但我不會評價你。她認為，人和人若能如此相待，就是真正的會心了。

以上所說的愛，很接近慈悲。在這樣的愛裡面，沒有勉強、要求與期待；就像花開花謝，靜靜提供自己，而不期待他人回報。它自在芬芳、圓融具足，是愛的源頭，而不是愛的反應器。它從來不收回自己，它從來無條件，它是最高貴的父母之愛，如神愛祂的兒女。

我們如果是快樂的，我們的孩子就會是快樂的。一個母親，能給子女最好的禮物，就是她的快樂，父親亦然。而如何快樂呢？告訴你一個小故事。

有個老人家一輩子都很快樂。當他要走的時候，他的親朋好友很想知道他一生快樂的祕訣到底是什麼，他說：「很簡單啊，我每天早上起來都有兩個選擇，一個是選擇快樂，一個是選擇痛苦；而我啊，每次都選擇快樂啊！」我們不只早上起來才有選擇的機會，而是分分秒秒、隨時都有這樣選擇的自由。

放心的愛，讓彼此相處更自在

所以，你願意從現在開始，選擇做個快樂的父母嗎？以放心、尊重、欣賞的心意來「慈悲」我們的孩子，而不是以期待、要求、與操控，將他們工具化，來滿足我們自己的需求而不自知。

如果真的愛孩子，就要放心他，不要擔心他。沒有人喜歡被擔心；擔心一個人時，我們不輕鬆，他也有負擔，雙輸，何苦來哉？關心他，就放心他。是人，都喜歡被放心；放心一個人，他愉快、我輕鬆，雙贏，何樂不為？

請用鼓勵代替讚美。阿德勒（Alfed Adler）說，鼓勵是肯定孩子本質的展現，幫助孩子依循內在的鼓聲前進；讚美則是一種操弄，很多父母都未覺察，他們常用讚美的方式來操弄兒女的志向。同樣的道理，請用自然的結果來代替處罰，因為處罰是外力；一個孩子不做什麼，也許只是害怕懲罰，而非真正的明辨是非。

不用懲罰、將教材寄託自然，可以讓孩子有機會從自己的經驗裡「長」出智慧，而非外鑠焊接的規條；同時，我們要幫助孩子成為他自己，選擇快樂地活。不管孩子得失成敗，我們都要無條件地愛他，也要教會他無條件地愛自己。

正向想法創造更多正向回饋

「新時代」（New Age）思潮有句招牌話：「信念決定體驗，語言創造事實。」它與佛家所言「萬法唯心」意思接近，意思是要我們小心每一個起心動念與用語。「心想事成」跟物理學的質能互換、器氣轉化原理一樣，「心想」是一個能量的狀態，「事成」是一個物質的狀態，兩者是可相通互換的；當人越是堅定相信，那麼這兩者之間越沒有距離。

從現在開始，讓我們心裡鎖定一個信念：「我們每一個人，都是神的孩子；我們內在都有神性與佛性。」我愛我的孩子，無條件；我也愛別人家的孩子，無條件；我愛自己，無條件；也愛他人，無條件。從現在開始，我們都以這個堅定的信念與人相處、與自己相處，讓愛傳下去。

現在，請你閉上眼睛，整理一下這個念頭：「我們都是神的孩子，我愛你，無條件；希望你也無條件地愛自己、愛他人。」並且用心念，把它堅定地傳送給你的孩子、你的朋友，以及身邊每一個人。

各位，請相信我們經驗的世界是我們自己創造的，我們享有的關係也是我們自己創造的。現在，讓我們有覺知地，選擇以慈悲的意念創造我們經驗的世界；最後你會發現，你的意念終將決定你的體驗。所以，請留心思想的流向，注意觀察自己的能量與注意力；放掉擔心、恐懼、害怕，迎向愛、感恩與祝福。

（內容整理：謝蕙蒙）

打開心結，面對自己

許文耀（政治大學心理系教授）

人的堅強與脆弱，取決於一念之間；
先有心的發心動念，才有行動的執著與力量。
當我意識到，不論自己再怎麼努力出人頭地，
即使念到博士，也無法改變行動不便的事實；
從開始不願承認，到一步步修正及反省自己，
直到它不再成為我的夢魘，
我才真正找到心靈的安頓之路。

很多年來我一直在想，人心究竟有多大的力量，而這些力量是怎麼來的？當我們碰到失意、挫折及打擊連番來襲時，為什麼有些人能夠堅強面對，有些人卻不堪一擊？

這種支撐人心的力量，如何引導我們的行為表現，恐怕是許多人終其一生都在尋求的答案，在此，我願意提供幾個例子，包括我個人的經歷和大家分享。

讀到博士，卻無法改變殘障事實

我是個殘障者；可是，從前有一段時間，我並不承認自己是一位殘障者，這就像有人對一個男人說：「你的外表是女人」一般，會令我十分不自在。

從開始的不願承認，到現今的坦然面對，這裡頭的因果關係錯綜複雜，也為我帶來了許多掙扎及痛苦。因此，當我終於下定決心，卸除武裝，面對自己行動不便的事實時，我發現自己活得比以前更自在、更快活，從而找到了心靈的安頓力量。

但這種心念轉變，並非一瞬間的起心動念，而是有一段曲折的過程，促使我不斷地沉澱自己，加強心靈的反省，才得到的結果。

記得高三那年，我當上學校攝影社的社長，經常蹺課跑去沖洗照片。有一天被化學老師逮到，他做了兩個動作讓我至今難忘：第一個動作是一個箭步衝過來，打我一巴掌；第二個動作是對我說：「你蹺課？我告訴你，你腿都不行了，還不靠腦袋？」那天回家後，我哭了好久，並立志要力爭上游，好好努力念書。

現在我已經拿到博士學位了，嚴格說起來應該要感謝那位老師；如果不是他打我一巴掌，我可能還不會醒悟過來，用功讀書。

但是，我讀到拿博士學位的那一天，心中可從來沒有感謝過他；因為，那一巴掌不但打擊到我的自尊心，而且也令我第一次意識到：不論自己再怎麼好強、表現，也無法抹煞本身是個殘障者的事實。這種潛在的自卑，在其後很多年一直深深困擾著我。

內心自卑，更在乎他人評價看法

一個人感到自卑的時候，他會比較需要靠外在來肯定自己；這就像很多人喜歡上瘦身中心，希望重新打造身材，以取得外在肯定的心理。可是，他越在意自己的身材，也越容易對此感到自卑；就算拚命參加瘦身，也消除不了心中的那層自卑感。

所以，當我意識到，不論自己再怎麼努力出人頭地，即使念到博士，也無法改變自己行動不便的事實時，我究竟該面對它還是繼續否認它呢？這個念頭，時常在我腦海中出現。

有一次我坐計程車，剛好碰到尖峰時間，交通有點亂；我一坐上車，司機就邊開邊講：「我是看你可憐才載你，否則……」不等他講完，我就說：「下車！」然後丟下五百元鈔票，對一臉錯愕的司機說：「看你可憐，不用找錢了！」

事後我回想，這個司機對殘障者可能並沒有惡意，甚至有心要幫忙行動不便的人，只是不太會表達罷了；而反過來看，如果不是我自己心理早有自卑感，人家無心的話語怎會這麼輕易就刺痛我呢？

我開始反省，也發覺「殘障者」這三個字，在生活中是如何深深影響著我，因為這是我無法改變的事實。「為什麼我不能承認自己是殘障者呢？」有一天我突然轉念一想：既然事實就是事實，我又何必去證明什麼？

當下，我的心開始自由了，不再被「殘障」兩個字所束縛。從此，能夠不用走路我就儘量不走，可以不用站著我就坐，不像以前為了要逞強，上課時連站六小時還口口聲聲對人說：「不累不累！」其實兩腳已經痠得要命，回家後還要花好幾個鐘頭按摩才能恢復呢！

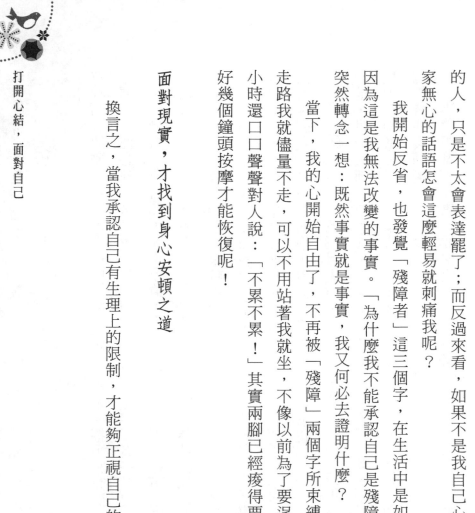

面對現實，才找到身心安頓之道

換言之，當我承認自己有生理上的限制，才能夠正視自己的問題癥結所在，這時我的心便開始安了，不再像以前那麼起伏不定。接下來我問自己：「我要做殘障者嗎？」把心靜下來以後，我才想到：其實「做殘障者」並沒有什麼不好；搭飛機有半票優待，在台北市停車免費，申請公教貸款信用考核可以多三點……諸如此類都是身為殘障者的好處，為什麼我不做呢？這些思維帶給我很大的觀念改變。

人的堅強與脆弱，原來就取決於一念之間；先有心的發心動念，才有行動的執著與力量。在我不願承認自己是殘障者時，我必須做很多事來證明自己跟常人沒有兩樣，或至少是常人做得到的事我也可以，甚至比人家做得更好；因此，任何會提醒我是殘障者的小小事情，都會大大的刺激我。

在我第一個孩子五個月大時，有一天太太去洗澡，孩子哭了，要人抱起來搖一搖，哄他入睡，可是我不敢。因為他的脊椎還沒長好，頭骨軟軟的，必需用兩隻手環抱著，這樣一來我就不能拄著枴杖；萬一他一哭鬧，頭再往後仰，我們兩個都會往後翻倒。

想著想著，我更不敢抱他；可是他又一直在哭，任我怎麼哄都沒有用。頭一次我覺得太太洗澡怎麼會拖這麼久，還不快點出來救我。

待她洗好出來，三兩下就把孩子哄睡了；我感到非常挫折，臉色很難看。太太問我怎麼了，我卻冷淡地說：「沒什麼，我累了想睡覺！」便自顧自去睡了。睡到半夜三點醒過來，反覆想到這件事，腦中突然閃過一個畫面：我挾著兒子在草原上馳騁，兩個人都很快樂的樣子，不禁哈哈大笑。

因為，在那畫面中，我手上並沒有枴杖。可見，只要心中不再存有芥蒂，它就影響不到我，雖然它依然存在著。所以，從開始不願承認，到承認並正視事實，到最後終於走到認同自己是殘障者的身分時，我也是一步步在修正及反省自己，直到它不再成為我的夢魘，我才真正找到心靈的安頓之路。

真誠交心，何必堅持你錯或我對

人是相對的動物；當兩個人發生爭吵時，很少人是為了證明自己是對的，而都是在努力證明對方是錯的；如此必會產生激烈爭辯及相持不下的拉鋸現象，無法產生交集。

好比我們看到一個人要跳樓自殺，一定是絞盡腦汁竭力勸他不要跳；但拚命勸他活下去，卻等於是否定他的尋死念頭，兩方便容易形成僵局，很難把他救下來。因此，重點並非告訴他活著比較好或壞，以免每強調一次好壞，就等於提醒他有多少缺點，卻沒有讓他找到解開心結的方法，反而招致反效果。

幾年前曾發生一樁轟動社會的綁票事件，綁匪陳進興在逃亡期間，為了替家人脫罪而綁架外國大使館武官，與大批員警對峙多日；他的囂張行為透過媒體不斷報導，竟被少數無知的國中生當成英雄人物。

當時有個老師跑來向我求助；他說，儘管他極力想告訴學生：「陳進興是個大壞蛋！」卻無法取得同學們的認同，甚至引起激烈的爭辯。因此，我去了他們班上，一上講台就對台下鬧哄哄的學生說：「同學們，陳進興是有功用的！」全班頓時鴉雀無聲，等我繼續說下去。

我接著說：「陳進興最大的功用就是證明你我都是好人，因為他是壞人。」他們才聽得下去。這就是真誠的交心，把心裡的話說出來，讓對方感動才能產生交集。

打開心結，才能活得更輕鬆自在

記得剛結婚時，我每天都要想辦法討好另一半；似乎潛意識中，覺得她願意嫁給我這殘障者，對我是一件很大的恩惠。我之前曾有一位交往十一年的女友，因為家人反對而分手了，理由只是因為我的殘障。

所以，當我終於結婚時，對太太除了愛之外，自然還有一點感謝；這種複雜的心情不是三言兩語可以說得盡的。我們也花了相當的時間，在日常生活中，藉隨時反省與觀察來調整彼此的互動。

後來我太太對我說，她不需要我每天想辦法討好她、哄她笑，只要我保持原本的樣子就好；因為我們都認定彼此要過一輩子的，就算不是天天都是星期天，日子有笑有淚、也有苦有酸，至少都是真真實實的分享。這才是最重要的，不是嗎？

正視問題，就是正視自己；只要我們打開心結、瞭解自己，並接納自己原來的樣子，相信每個人心中的問題都會減少了一半，活得更輕鬆自在與安定踏實。

（內容整理：謝蕙蒙）

超越逆境，發揮家庭的復原力

鄭玉英（懷仁全人發展中心主任）

不要怕向家人吐露困境，
唯有說出來才能讓家人更加瞭解你、有機會幫助你。
因為家人之間是相愛的，
對家人坦白承認自己的脆弱，其實也是一個轉捩點；
它可能讓人性最不美麗、
最醜陋的地方全部展現出來，
但也會讓我們把這輩子最大的潛力開發出來。

人在遭逢逆境的時候，就好像走到一處懸崖邊，有的人會掉下去，有的人則會找到一條出路彎下山；其間的關鍵點，就是看個人究竟有多少復原力。

所謂的「復原力」，英文為resilience。這個字從字面的意義來看有兩重意思：一是代表「復原力」，另一個則可解釋為「生命的韌性」，也就是「對抗逆境所產生出來的力量」。

屢仆屢起，逆境考驗生命韌性

有的人雖然成長的環境與經歷充滿艱辛，但是他仍然走出來了；不但人格發展還很健康，甚至還相當有慈悲心和愛心，是一個具有高度韌性的人。再從另外一個角度來看，resilience為什麼又叫做「復原力」呢？

這意思是說，在逆境裡的人真的很苦，也很容易摔跤；有人摔了一跤，說不定還生了病，好一陣子爬不起來，但他終於好了起來。這段時間，他不是沒有做錯事情，但他回頭了；不是沒有荒唐過，但他又轉為成熟了。

現在的他，比摔跤以前、比沒有生病以前、比沒有經過這些災難以前，還多了一些成長，這就叫做復原力，就是人在逆境當中可以支持存活的力量；就算跌倒了，也還能夠再爬起來。

童年創傷，隱藏在心靈深處

有一個女孩子，從小到大成績一直很優異。後來念到研究所，卻出現精神恍惚的現象，注意力無法集中，碩士論文自然也寫不下去了；只好先暫時休學，回家靜養。

這段時間，她慢慢打開心房，回溯自己的成長經過；這才發現到，自己外表堅強，內在卻千瘡百孔，心靈深處藏著許多不愉快的童年回憶。她以為自己早已經走過來了，其實沒有，她只是不願意去回想罷了；因此傷口始終沒有癒合，甚至愈來愈大，直到精神負荷不了就生病了。

原來，她有一個生下來就是殘障的弟弟，所以她從小就被要求一放學回家就得照顧弟弟；有時候貪玩，跑出去打球，沒有把弟弟照顧好，回家就會被媽媽揍一頓。諸如此類不太愉快的回憶，長大後她都不願意去回想。

生病期間，她打開自己的內心，才發現到她對自己的成功、優秀、青春與美麗，有著一分很深的不安；意識裡常想到，家裡連大小便都不能自理的弟弟病成那樣，自己卻在外獨自快活，心裡有很深的罪惡感。

她還有一個姊姊，自國中畢業以後就沒有升學，留在家中照顧弟弟。於是她心中常有兩個聲音在掙扎；一個聲音告訴她，應該去追求正常快樂的生活；另一個聲音卻告訴她，這樣是不對的，她應該回去跟家人一起共患難，不該貪圖個人享樂。

本來她以為自己的痛苦是因為罪惡感；但這段期間，她不斷再深入探究內心時，又發現其實心裡還有一些更深的傷害，來自於小時候常被媽媽責罵沒有照顧好弟弟，讓她感到很受傷，也覺得有很大的憤怒。

有一段不算短的時間裡，她幾乎夜夜失眠，每天都糾結、深陷在很多很多的情緒中。在這段生病期間，她總算正視自己內心的憤怒與傷口，彷彿在心靈上重重摔了一跤，才慢慢展開康復的過程。

說出心結，重現家庭復原力

生了病後，她的家人慌了，因為她本來是家中公認最優秀的孩子；她媽媽甚至說，家裡如果有遺產都不用留給她，因為她這麼會讀書，將來不怕找不到工作，錢應該要留給生病或是學歷不高的弟妹。沒想到，這個外表看似很堅強、可以把自己照顧得很好的孩子，心裡卻藏著很多的心結和迷惘。

她決定把隱忍多年的不平講出來，告訴媽媽當年對她造成的傷害，她媽媽竟說那些事她都忘了。「媽媽怎麼可以忘了呢？」她感到極度受傷，向姊姊說：「姊姊妳看，媽媽當年是不是這樣，讓人感到很委屈？」

姊姊卻說：「這有什麼關係？妳看我還不是好好的，為什麼妳這麼在意呢？」她把自己失眠了許久、每天過著痛苦不安甚至出現精神症狀的情形講出來；姊姊非常訝異地說：「真的嗎？為什麼我都不知道？」

在姊姊眼中，她是家中最優秀、最能幹、也是最漂亮的妹妹；她們睡在同一個房間裡，同床共枕很多年，姊姊從不知道失眠為何物，直到今天才知道妹妹那段時間所受的苦。

後來，她媽媽打電話把分散在各地的兄弟姊妹全部找回家，開了一個家庭會議。她說，這是第一次，全家人是為了她，而不是為了那個生病的弟弟，集合在一起聽她訴說她心中的苦與累；這時，家庭重心好像完全改變過來了，讓她第一次感到自己從家人這裡得到了很大的安慰。

心中困境，別怕向家人吐露

當她把心結講出來以後，大家才發現，過去太疏忽了她的感受及對她的愛；

瞭解了她的苦之後，便紛紛對她伸出援手，接受她脆弱的一面，讓她卸下堅強的外衣，重新調整內在的自己。在這裡，我們見到家庭的復原力發揮了作用。

所以，我們不要害怕向家人吐露困境；唯有說出來，才能讓家人更加瞭解你，有機會幫助你，因為家人之間是相愛的。在家庭的復原力裡面，有時候願意對家人坦白承認自己的脆弱，其實也是一個轉捩點；它可能讓人性最不美麗、最醜陋的地方全部展現出來，但也會讓我們把這輩子最大的潛力開發出來。

這時，家人的角色，也會有強弱消長的現象出現。比如，當家中那個每次表現很強勢的人，一旦倒下、生病了，總會有一些原本比較弱的人突然就站了起來，變成支持者和照顧者。

但是，展現自己的脆弱及困難，和抱怨「都是你們害的」，在意義上卻有很大的不同。分享真實的脆弱，並不是等於抱怨或是指責「都是你、都是你們」，而是敘說自己在工作上或健康上遭遇到的麻煩，承認自己有脆弱的一面。

反之，如果不斷歸咎「你看！我生病都是你們害的！」就會有吵不完的架，同時引發更多的罪惡感，無助於家庭的復原力。

親情交戰，在離合之間擺盪

有人說，家庭是一個人的避風港，但家庭也往往是最傷人的地方。如果說人生有三種逆境最為巨大，第一便是戰爭，它是屬於時代的悲劇，沒有人能夠選擇及逃避。第二種逆境是災難性的，像大地震、空難、水災等，並不是人人都會碰上；而一旦碰上了，那種失去親人的椎心之痛，是十分強烈而巨大。第三種逆境，則是屬於過去的、來自童年的創傷，也是我們從事心理輔導者碰到最多個案的情況。

家庭會傷人？也許許多人無法相信，但家庭確實是讓人最受傷的地方。歌手羅大佑有一首歌「親親我的愛」，最後兩句就這麼唱：「家是我逃出的地方，也是我最後的歸鄉……」形容孩子大了就想出去飛。

在大自然裡，有些小鳥成長到一定階段、開始學飛時，母鳥還會用力把小鳥頂出巢外，逼牠出去飛；但你放心，牠飛不遠的，一定還會回來。如果父母不放心，一定要拉住他，反而會讓孩子拚命掙脫，想要逃出去。

此時，家庭中有兩種力量在拉扯著，一個是分離的力量，一個是凝聚的力量。有些孩子要離家時，掙扎了半天才能走；回頭一看，媽媽在掉淚，爸爸在嘆氣說：「你翅膀硬了，要走就走吧！反正我們也留不住你。」你說孩子是走還是不走？

如果走就是帶著罪惡感走，不走就帶著委屈留下來。

家庭力量，施與受皆有消長

有些家庭不是這樣，當孩子要獨立的時候，父母就讓他振翅高飛，想去哪裡就去哪裡。所以，這種逆境是屬於階段性的。像孩子大了想獨立、或是父母年齡到了必須退休等等，都是生命中必須經過的逆境；有的人能很快地適應過來，有的人則否，必須要煎熬一段時日之後才能調適得來。所以，這也是一種逆境。

事實上，每個家庭都有分離的力量與聚合的力量；就像你離家久了，是不是好想回家？而在家待久了，是不是就好想逃開？另外，家庭還有一種力量也是兩端並存的，就是「放下」和「承擔」這兩股力量；當有一方把家庭的責任放下來，另一方就會自動挑起。若說「分離」和「聚合」是循環的，而「放下」和「承擔」卻是並存的，端看我們怎樣去取得平衡。

比如，當爸爸失業了、家中經濟陷入困境時，有些孩子突然就懂事起來了，自願輟學去打工。也許有人會說：「好可憐，這個孩子就這樣不能上學了。」可是，也有人說：「這孩子真了不起，願意暫停學業，跟爸爸媽媽分擔家計。」小孩一夜之間好像突然長大了、變成熟了。他們可憐嗎？不，他們其實也很棒，看你如何評價而已。

所以，我們要展現家庭復原力，就最好能多用正向的眼光去看待家人，不論家人面臨失業、失意、失戀、失學或是失敗的時候，也就是當他處在最低潮的時候，能夠透過家人的眼和嘴，讓他看到及聽到：「你還是很不錯的，這並不是世界末日。」當他能從正面看自己、從中產生對抗逆境的力量時，這件事就有了不同的意義。

家人支持，分寸宜拿捏妥當

可是，並不是每個人一生下來就有復原力；當逆境來的時候，我們常常是從錯中學習怎麼做才正確。比如對被性侵害者說：「哎！早就跟妳說過，不要穿迷你裙嘛！」本來是要安慰人的，可是說出來的話卻對當事人構成二度傷害。

兒子失業回來，爸爸想要安慰他，嘴裡卻說：「哎呀，我早就知道這個工作不好；你看，那個時候就應該先去念研究所。」結果，安慰的目的沒有達到，聽的人心裡又覺得很受傷。

在國外有一個研究結論是，當家中有一個人生病時，家人堅持不變的愛，往往是病人好起來的最後力量。可是研究又發現，對於病人的支持，家人情緒的輕度投入、中度投入與深度投入這三者之中，病人痊癒情形最不理想的反而是家人的深度投入。因此研究建議，家人的支持要適度而有彈性；因為，愛得太深、期望太大、過多的情緒投入，有時會適得其反，是讓病情好不起來的一個原因。

尼采說：「受苦的人沒有悲觀的權利。」如果我們已經碰到逆境，與其在那邊罵政府、罵老公還是罵兒子，只會使傷口愈扯愈大，一點意思都沒有；重要的是要趕快找出自己的復原力，讓這些逆境至少還有一點正面的意義，讓我們重新認識自己，肯定自己。

走出逆境，培養自我復原力

在培養自己的復原力方面，有幾個重要的觀念，在此提醒大家：

一、**走出自責**：自責是所有憂鬱的來源。當人遇到逆境時總會有所反省；但是，如果一直停留在自責之中，認為自己總是做得不好或是該為什麼事負責時，就無法走出困境，從這件事獲得真正的反省。

二、**走出報復**：有人說「君子報仇，三年不晚」。很多人受了傷，心中耿耿於懷，就會想要報復；可是，這樣做不僅會傷害別人，更傷害到自己。因此，我們可以承認自己很憤怒，但是不妨選擇寬恕，也就是「我可以報復，而且也真的有理由報復他，但我選擇放棄報復的權利」，如此才能走出報復的陰影，也活出一種泱泱大度，是令人佩服的。

三、**相信自己**：研究發現，具有復原力的人，必須要相信自己；雖然是在逆境當中或失敗當中，還是要看重自己，相信自己是好人，是有能力的人，是有希望的人，用正向的眼光看待自己，期許自己。

任何人都希望自己的人生都不要碰到逆境，也不要碰到問題；可是一旦碰上了，也不需要害怕。現在不是躲避球的時代，而是揮棒的時代。就像人老了總是會生病，經濟不景氣總是會有人失業；當孩子要進入青春期，要狂飆就來飆吧！

珍惜生命，悲喜全在一念間

《我賺了三十年》這本書，是作者李豐醫師反省她發現自己得了癌症及抗癌的心路歷程。她在一九六八年得了淋巴癌，被醫師預估只能再活半年；之後在努力調養的過程中才知道，自己以前是多麼不愛護身體。但她不怨天尤人，也不自暴自棄；癌症賦予她的意義是，讓她開始懂得珍惜生命，決心調整自己的生活，還去練瑜珈。一直到現在，她依然努力於推廣她的抗癌之道。

一般人聞之色變的癌症，卻讓她賺到更多有意思的新生命；可見，多用正面眼光去看逆境，再倒楣的事都有辦法跨過去。與其一直惶惴不安、擔心不知道什麼時候會碰到倒楣事，不如做好迎戰的心理準備，敞開大門對它大聲說：「進來吧！我已經準備好了！」你會發現，逆境其實並沒有那麼可怕。

你可以選擇樂觀以待或是悲觀度日，是喜或悲全在一轉念之間；以什麼樣的心情與人生態度去面對逆境，結果是完全不同的。

（內容整理：謝蕙蒙）

學習感恩，生命關懷的第一課

紀潔芳（吳鳳技術學院教授、教育部生命教育學習綱共同主持人）

生命教育的實施，並不是理論和口號，
而是可以透過各種形式寓教於樂來進行；
不論是對生命的回饋或是感恩，
都是「生命教育」裡最重要的一課。
師生在活潑的互動之下，快樂地學習，
並將所學到的落實在日常生活中。

有關生死問題，通常在學校裡不教、在家裡不講，孩子接受的都是不很正確的社會教育。他們看電視上的靈異節目，玩電子遊戲，總以為人死後一下子又復活了，不知道生命是珍貴的。所以，我們應該透過正式的管道，從小學、國中、高中到大學，透過生死教育課程及活動，讓孩子從中瞭解生命的道理。

這類的學習活動要設計得很活潑而不帶悲傷，讓他們從遊戲中吸收和學習到尊重生命的態度。例如，在高中、國中和小學，我們實施的生命教育課程，範圍包括關愛自己、關愛別人及關愛大自然。

生命教育，體驗父母牽引同行

其中有一項教學活動是請學生帶重三公斤的背包來，讓孩子們背在胸前，進行一天的體驗活動，吃中飯及上廁所時都要背著，以體會母親懷胎的辛苦。

到了下午放學時，學生放下背包說：「好累呵！」這時他們才會明白，自己當初在媽媽肚子裡時，媽媽就是像這樣背著他走路，累了十個月。因此，在感念媽媽辛苦的同時，也會感受到自己的生命得之不易，應該要更懂得珍惜才對。

類似的生命教育課程，目前已在很多學校推動中；我們除了帶動學校師生一起做，也設計了一些有趣的親子活動，鼓勵家長來參與。

有一次，我請學生蒙上眼睛，由爸爸或媽媽牽著，繞著校園走二十分鐘，途中還要去上一次廁所，還有上、下樓梯，最後走回教室，教室的桌上放著麵包、果醬；這時，孩子必須蒙著眼，自己摸索到桌前，打開果醬，塗在麵包上，再走回父母身邊，對著爸媽說：「爸爸、媽媽，謝謝您帶領我走人生的道路，我把世界上最好的麵包請您吃。」然後用手尋找爸爸媽媽的嘴巴，把麵包放進去，有的人會把父母弄得滿臉都是果醬。這個活動設計得有趣又能發人深省。

類似這類的親子體驗活動，讓孩子感覺到，自己在人生路上摸索前行，並不孤單，父母隨時就在身後支持著他；也體驗到失明的辛苦及不便，而保重自己。

我們愛孩子，不僅是要給他溫馨、支持和照顧，而且還要幫助他認識生命，坦然和他談生論死；讓他知道，不論發生什麼事，父母都會當他的精神後盾，這樣或可減少孩子一遇挫折就輕生及不珍惜生命的意外事故了。

預立遺囑，鼓勵家人互相交流

我在大學裡開授「生死學」及「生死教育課程」，引導學生從生命的本質去認識生死的意義。作業之一是要求學生們預立遺囑，若真的寫不出來，可以讀書報告代替；因為，「預立遺囑」的作業要順其自然不要勉強。但是，隨著生死課程的授課，最後學生都能用心完成這項作業，而且往往邊寫邊哭真情流露，字裡行間真摯感人。

我鼓勵學生把寫好的遺囑拿給父母親看；如果學生將遺囑與父母分享，則學期總平均可以加一分。有個學生戰戰兢兢的拿給父母看；他媽媽看完後不發一語，轉身走進房裡，孩子以為她生氣了；可是，一分鐘後，媽媽走出房間時，手上拿了一張遺囑，爸爸也去書房拿出自己的遺囑。他才知道，原來爸媽早有預立遺囑，只是沒有互相交流罷了。

後來，有位媽媽打電話到學校來說謝謝；因為，他的孩子自從寫了遺囑以後，變得懂事成熟許多。

原來，這個學生在遺囑中第一段話就寫著：「媽媽，您是全世界最疼我的人。」給父親的話是：「爸爸，從小我就覺得你很偏心，喜歡弟弟而不喜歡我；每次我們兩個吵架，您一定是罵我。直到有一次我感冒，看到您很焦慮地坐在我床邊，我才知道您是愛我的！」他們全家看過孩子所寫的遺囑以後，家庭氣氛更和諧、親子之間感情更親密了。

所以，不論是對生命的回饋或是感恩，都是「生命教育」裡最重要的一課。誰也不知道，死亡和明天究竟哪一個會先來？生命就在呼吸之間，若是一口氣接不上來就走了，有沒有話要對親愛的人說？「預立遺囑」的用意很好，藉著預立遺囑的機會，拉近家人彼此的距離，使孩子更懂得感恩。

回饋親恩，言語行動都要及時

在生命教育的學習中有許多融入式的教學。我曾經在經濟學的課堂上，請學生計算自己從出生到大學的花費，如尿片、奶粉、保姆費、教育費等，一項一項算下來，數字很是可觀；有些學生算不出來，就打電話回家問媽媽。起初媽媽覺得很煩；後來，有媽媽打電話來告訴我：「老師，這個作業真不錯；自從孩子知道自己從小到大花了這麼多錢，現在變得懂事多了，也節儉多了。」

所以，生命教育的實施，並不是理論和口號，而是可以透過各種形式寓教於樂來進行；師生在活潑的互動之下，快樂地學習，並將所學到的落實在日常生活中。

我常告訴學生，回饋要及時，不要等人不在了才想到感恩。只要你願意，隨時都可以對家人說「謝謝你」、「我愛你」，透過不同角度作生命的回饋，這是很重要的一件事。

有位學生的父親在事業失敗時，非常沮喪，這位學生鼓起勇氣向父親說：

「爸爸，你知道我對你印象最深刻的是什麼嗎？就是你那雙大手，又大又有力又溫暖。」

他父親很驚訝地聽著孩子繼續說：「小學五年級放學的時候，突然下起大雨，同學都被接走了；我正感到又餓又冷又害怕時，你出現了，讓我覺得好高興。你不但帶了毛衣給我穿，幫我披上雨衣，還從懷裡拿出一瓶溫溫的牛奶給我喝，那是我喝過最香最好喝的牛奶。然後你的大手牽著我的小手，你手上的溫暖和力量到現在我都還能感覺得到，這種感覺一直支撐著我度過許多挫折。」

這些點滴雖然父親都忘掉了，可是這樣的回饋卻讓他很安慰，也鼓起勇氣東山再起。所以，在生命教育中，生命回饋是很重要的。

人生規畫，鼓勵孩子適性發展

生命教育最重要的意義，就是幫助孩子找到人生方向，鼓勵他們適性發展。

曾經有位南台灣鄉下的孩子學科成績不理想，國中時就讀技藝班的廚藝科。有一次，他參加台灣地區國中技藝競賽得到金牌，可以保送職業學校的觀光科和餐飲科；但他為了家計，國中一畢業就到一家日本料理店當大廚，一個月薪水三萬六千元。

他的手藝非常好，不管是生魚片還是壽司，他都能掌握下刀的分寸，而且切得厚薄均勻，味道超好。有一天，店裡來了一位日本客人，嘗到了生魚片，不但讚不絕口，還拿出相機拍下來，要求店家請大廚出來和他握握手及合拍一張照片。

隔了一個多月，這個日本人寄來他們合拍的相片，並在信上說，他是日本東京觀光餐飲專科學校的教授，他回學校後將此事在校務會議上報告，後來校方決定提供獎學金，邀他到日本進修；他只需負擔伙食費和機票錢，學費及住宿免費。

他回家告訴父親，父親聽了之後流下眼淚；想不到，自己的孩子可以因為做壽司及生魚片而出國留學，爸爸再辛苦也都要支持他。他去了日本三年，最後拿到了專科畢業證書，也拿了好幾張餐飲專業證照；回台後在一家五星級飯店當主廚，每星期還到大學和高職教書。

這個例子告訴我們適性發展的重要；父母與其祈禱孩子考上最好的學校，不如祈禱孩子考上最適合他的學校。什麼叫做「最適合」呢？就是他的天賦、程度和他的努力及背景適合擺在哪裡，他的緣分就在那裡，而能快樂踏實學習及成長。做家長的，應該多方面瞭解自己的孩子喜歡什麼、適合怎樣發展，並鼓勵孩子朝理想方向邁進。

生死之學，助人回顧生命意義

對銀髮族的生命教育則是要循序漸進、急不得。我在彰化二水長青大學曾帶領一群老人談身、心、靈整體健康；上了半年後，到了第二個學期時，終於有人問我說：「紀老師，你看是火葬好還是土葬好？」聽到這裡，我知道可以放心地和他們談到生死問題了。

有一個老婆婆罹患乳癌末期，非常痛苦，她對我說：「紀老師，我很歹命。」我說：「你是最好命的人啦！女兒家庭很美滿，兒子又娶了一位好媳婦，孫子、孫女又很乖，你一生的事業算是很成功的；將來到了天上見到祖先，一定會很有面子。」

她想一想很有道理，對自己這一生開始感到滿足了；因為，她雖然沒有出去賺錢，可是把家裡照顧得很好、子孫都成材，所以這一生算是成功的。這樣的生命回顧，讓她深深體會到，自己的人生還算是有意義的，並沒有白過。

最後，我要跟大家分享的是「愛要及時」。有個年輕人，休假時開車載著太太跟孩子去恆春度假，突然想起當天是媽媽生日，車就轉到花店去選了五十二朵康乃馨，附上卡片請花店送去。這時候，來了一個小男孩想買二十朵花，可是他身上只帶了一百元，還少了二十元，他就幫小男孩付了；小男孩道謝後，高興地拿著鮮花離去。

後來，車子快開到郊外時，他又看到剛才那個小男孩，腳踏車停在路邊；他停車一探究竟，才發現原來那個地方是一個墓園。這小男孩說：「今天是我媽媽生日，她好喜歡這些花喲！我已經有三年沒有媽媽可以叫了。叔叔！你好幸福，年紀比我大，每天都有媽媽可以叫！」

這個年輕人心中百感交集，就把車子開回花店，拿了那把尚未送出去的花，趕緊帶回去為媽媽慶祝生日。這就是我所說的愛要及時，要懂得回饋。

（內容整理：謝蕙蒙）

國家圖書館出版品預行編目資料

創造生命中的感動／泰山文化基金會編著
初版——臺北市：慈濟傳播人文志業基金會
2009.1
面：　公分，——（心視界；4）

ISBN　978-986-6644-11-5（平裝）
1.生命哲學　2.文集

191.9107　　　　97025418

心視界系列004

創造生命中的感動

編著者　泰山文化基金會
主講者　鄭石岩、傅佩榮、曾昭旭、何懷碩、王邦雄、方蘭生、藍三印、南方朔、吳　京、阮大年、司徒達賢、李家同、張曉風、梁翠梅、許文耀、鄭玉英、紀潔芳

發行者　王端正
出版者　慈濟傳播人文志業基金會
地　址　11259臺北市北投區立德路2號
客服專線　02-28989898
傳真專線　02-28989993
郵政劃撥　19924552　經典雜誌

內文整編　謝蕙蒙
責任編輯　謝蕙蒙、劉玲瑜、蓋心怡、賴志銘、高琦懿
美術設計　石慧如

印製者　禹利電子分色有限公司
經銷商　聯合發行股份有限公司
新北市新店區寶橋路235巷6弄6號2樓
電　話　02-29178022
傳　真　02-29156275
出版日　2009年1月初版1刷
2014年4月初版7刷
建議售價　200元